習慣致富

成為有錢人，你不需要富爸爸，只需要富習慣

RICH HABITS, POOR HABITS

TOM CORLEY & MICHAEL YARDNEY

湯姆・柯利、麥可・雅德尼——著

羅耀宗——譯

推薦文

正確的財富思維指南

M觀點創辦人　Miula

「為什麼有錢人愈來愈有錢？」

這是這本書一開始提出來的問題，我想也是很多人心中都有的疑問。在過去的年代，我們都會說富不過三代，但這句話放到現在，好像不再有意義了，因為很多有錢人都進展到富三代、富四代的程度。到底什麼事情改變了呢？

我想，最大的改變，在於古早的有錢人沒受過良好的財富教育，導致雖然有錢卻守不住，而現在的有錢人，卻很重視下一代對於財富的正確觀念，正是這樣的差別讓現在的有錢人能夠變得更有錢。

想要打造自己的財富，最重要的，就是要有關於財富的正確觀念。讓我在這邊引述書中的一句話：「如果你想加入富人的行列，你必須像富人一樣思考，並像富人一樣行動。」想要在財務上成功，第一步關鍵，就是建立起對於財富的正確思維。

沒錯，當你改變了對金錢的看法與思考，才有辦法改變你自己的消費、理財與投資行為，讓自己在財務上建立更加穩固的基礎。

觀念，才是力量的真正根源。而如果你想知道富人到底有什麼想法與思維，這本書將給你一個相當清楚的指南。

推薦文

想跳脫財務窘境，先改寫你的財富DNA

斜槓型 YouTuber 柴鼠兄弟

接到《習慣致富》的推薦邀稿時，心中第一個疑惑是，書店裡已經不乏各類富爸爸理論的書了，真的還缺這本嗎？更何況有這麼多富爸爸的我們，似乎依舊還是無法領悟其中奧妙的門外漢。

直到翻開本書那一刻才恍然大悟，原來芝麻開門的暗語都寫在書裡了。富爸爸的致富理論無庸置疑，只是我們都太急於一步登天，只學了一招半式，還沒蹲穩馬步，無法將這些致富的真理內化為日常。

但為何把這些致富真理更新進大腦這麼難？這可能和絕大多數人的金錢觀念與習慣都是由父母那裡學來的有關，這些金錢思考模式早已經成為潛意識，是個很難動搖擺脫的信仰。

這些舊有的金錢觀念，很可能無法改變捉襟見肘的現況，最好的方法就是要改變現有的思考和習慣，開始學習有錢人的思考模式和富習慣。

這本書談的雖然是致富，卻不是教你如何買股票或炒房，相反地，兩位作者分享了他們發現致富的最大祕密：如果你想變有錢，就必須像有錢人一樣思考，養成有錢人的富習慣，將大腦轉化為有錢人思維，最後，像個有錢人一樣行動吧！

推薦文

一本脫貧致富的富翁學霸筆記

方寸管顧首席顧問、醫師　楊斯棓

問你一個問題：如果富翁出書談致富，你的第一個想法是「為什麼他願意浪費時間寫書幫助別人致富？」還是「他這樣分享，自己會變得更好，社會也變得更好」？

如果你選擇前者，我說你心態稀缺；如果你選擇後者，我讚你心態豐饒。

知名講師火星爺爺曾跟我分享一個親身經驗。他遠赴國外參加一個課程，台上講師進場後就請與會者用自認最貼切的詞彙描述富人，每個人頓時渾身是勁，什麼標籤都死命丟出來：貪婪、不法、拜金、奢靡、毒品、濫交……。講師接著分享世上知名富人的人品和生活習慣，聽眾大吃一驚，原來老鼠屎固然有，但許多頂尖富人律己甚嚴，博愛社會。

講師一口氣幫與會者解開兩個謎題：對富人的誤解，以及自己無法成為富人的原因。

先跟那些誤解金錢意義的朋友們多嘮叨幾句。金錢不是只能買大牛、小牛和路易十三，金錢可以幫助飢民，可以購置藥物治療河盲病和愛滋病。如果你對世人有大愛，更要讓自己成為富人，若然，你才有能力資助慈善組織，幫助窮人、殘疾人士、無家可歸者。

回想你國、高中班上第一名那位同學，如果他是孜孜矻矻，焚膏繼晷，你可能不會覺得不服，一分耕耘一分收獲，他一天讀十小時考九十分，你一天讀半小時搏七十分，這叫老天有眼。但如果你一天讀十小時考七十分，他一天讀書半小時還考九十分，你會不會想派隻小精靈偵測他的生活作息，一窺其讀書筆記？

把時間軸往後拉個三十年，大家都出社會了。有的人生性低調，有的人刻意藏富，但從住所地段、物業筆數、貸款數目、貸款利率，其實不難推敲老同學的財力。這時如果論財力名次，有很大的機會從當年的畢業成績單重新排列組合，你會不會想知道現在處於前段的老同學究竟做了哪些事得以持盈保泰或是彎道超車？你會不會想知道身處後段的老同學究竟踩了哪些雷？

關於考試，我們喜歡找歷屆學霸的筆記複習，事半功倍，有效率得高分。關於金錢，如果讓並非富有的人指導我們，當然很難致富。考試我們找學霸，金錢教育從媽媽，好像哪裡怪怪的？教育體系顯然沒有提供高品質金錢教育，但隨時開始不嫌晚，不要怪罪誰，出社會後還來得及自我教育。

本書花了作者五年時間，觀察記錄了兩百三十三位富人和一百二十八位掙扎求生的窮人習慣。本書不談錢、投資、房地產或股票，本書分享富人的感受、思考和行動。

如果你賺錢的動機出自恐懼或憤怒，當你賺到錢，恐懼不會消失，憤怒也不會消失。

窮人總歧視比自己更窮的人，以為這樣能讓自己好過點；但富人認為自己有義務賺更多的錢，才能做出更多貢獻。富人總讚佩其他富有、成功者，樂見他人成功，共同高舉火炬，照亮社會點線面。

哪些習慣會致富，我們做中學；哪些習慣會致貧，我們就不要再愚蠢地堅持下去了。

推薦文

及早養成「富思維」及「富習慣」

台灣科技大學財務金融所教授 **謝劍平**

現在很多年輕人常怨嘆錢不夠多，每個月賺的都不夠花了，哪有閒錢可以投資？其實，在理財致富的過程中，賺錢多寡不是重點，關鍵在於有沒有養成「存錢」的好習慣，哪怕每個月存一千元，也比月光族好。

愛因斯坦曾說：「複利的威力遠大於原子彈。」複利就是錢滾錢的意思。本書強調的並不是靠勞力賺多少錢，而是如何及早養成「富思維」及「富習慣」。有錢人會不斷省思如何透過投資與複利的概念來創造財富，工作則被他們視為滿足自我而非致富的手段。

書中羅列了一般人與有錢人對於金錢的想法差異，以及三十個富習慣，讀者可以從中得知自己對金錢的想法與有錢人是否相同，如果不一樣，就可以立刻改變想法，並開始身體力行，在日常生活中養成富習慣，戒除阻礙致富的壞習慣。

習慣致富
目錄

第一部

為什麼我們能教你致富？

柯利與雅德尼

導言

「改變」讓你更富有

有錢人愈來愈有錢，那你呢？

一份又一份的研究報告指出，雖然有錢人愈來愈有錢，中產階級卻比十年前工作更辛苦且時間更長，但每個星期能用的錢更少。

那麼窮人發生了什麼事？

他們的人數與日俱增，也正受到傷害。就在我們慢慢失去中產階級之際，他們的人數正在激增，卻沒有得到太多關注。而財務狀況欠佳的人數不斷增長，是我們經濟的不祥之兆。

以前礦工帶金絲雀進入礦坑，用來警告他們是不是有立即性的生命危險。當金絲雀昏死，礦工就會逃離，因為他們曉得空氣會威脅到他們的生命。今天，窮人就是我們社會的金絲雀，警告我們的經濟和生活即將面臨的危險狀況。

這麼說也許有欠公允，但事實上，「收入差距」正在擴大，而且大多數金融專家預見這股趨勢只會繼續存在，看不到結束的一天。人生的一個現實是，儘管世界上一些最富裕的國家活在歷史上最好的時期，但今天大多數人在財務上都苦苦掙扎，而且富人和一般人的差距似乎有增無減。

所以許多人不禁想問：「為什麼有錢人愈來愈有錢？」

大多數時候，這不是因為他們運氣好。不是因為他們出生在富裕家庭，或者因為他們買樂透中了大獎。

有錢人只是因為做事情的方式不一樣。他們的想法不一樣、行為不一樣、習慣不一樣。

我們寫這本書的目的是要你放心，**不管你今天的財務生活如何，也能變得富有。但要變富有，你必須以不同方式做事。你必須用不同的方式思考。你必須有不一樣的行為。你必須養成不同的習慣——富習慣**。

我們要告訴你的做法，對我們自己和其他無數人已帶來成效，如果你願意花時間學習如何實現財務夢想，就沒有理由不能達成。

但是這本書不談錢、投資、房地產或股票（市面上有很多談這些主題的好書），事實上，麥可寫了很多有關這方面的書，請至網站 www.MichaelYardneyBooks.com.au 瀏覽。相反地，這本書將富人的感受、思考、行動和行為方式建立模範。我們談的是如何養成富習慣（大多數富人表現出來的習慣）和捨棄窮習慣。

但是請不要誤會，我們相信討論致富，其實是在討論對於你實現富足生活來說，什麼才是重要的。

對每一位讀者而言，這意謂著不同的事，但如果你不自欺欺人的話，在西方社會，金錢的確被視為成功的第一標竿；我們不只要不落人後，許多人也想要擁有比別人更大、更好的房子和車子。

即使你不渴望致富、住豪宅或開跑車，如果你和許多人一樣因為口袋空空而生活在恐懼中，我們希望你能知道自己在財務上是安全的，因此生活感到滿足。

這本書真的能讓我變有錢？

我們敢說，當你拿起這本書，會很好奇：這本書真的能讓我變有錢？真心誠意的回答是，有可能。

想知道你需要知道什麼才能致富，只有兩種方法：你可以從本身的錯誤和經驗中學習，或者從他人的錯誤和經驗中吸取教訓。第一種方法太難、太昂貴、太令人沮喪；而第二種方法，從他人的經驗中學習，是到目前為止最便宜和最簡單的方法，卻也是最少使用的。

試想，如果我們提供你兩本書，第一本談你可能犯下的所有錯誤，另一本談做對的所有方式，你會選哪一本？

有趣的是，大多數人選擇自己試著學習怎麼做，但藉由有系統地仿效已經走在你前頭的成功和富有人士，你可以大大加快成長和邁向財務成功的進程。

我們不談他們如何投資或經營事業，即使了解這些事情很重要。我們建議你看向更高的層次，了解他們的日常習慣，以及他們從起床到就寢之間做了什麼。我們希望你能進到他們腦海裡，了解他們的感受及如何思考，因為這決定了他們的行動、習慣和結果。

這當然不是什麼新鮮事。

以成功人士為模範的概念，早已被音樂、體育、商業等各個領域的頂尖高手採用。今天所有領域的頂尖高手，都是從向某階段最優秀的人才學習開始。

一旦你做了有錢人和成功人士所做的事，像他們一樣思考，像他們一樣行動，採取他們的富習慣，你就會開始像他們那樣去感受；你會覺得富有，開始得到和他們相同的成果，而且你會變得富有。

噢不，這不會是本形上學的書吧？

不用擔心，這不是形上學的書，不會動不動就加油打氣，讓人感覺良好。相反地，它是基於科學證據，尤其是柯利為期五年的富人和窮人研究。

你會發現，富人和窮人沒有很大的差別，他們只是學會用不同於大多數人的方式做事。我們會告訴你，如果你一遍又一遍做其他成功富人所做的事，最後就會得到相同的成果。這是因為財務成功不是靠運氣，而只是因果關係法則的結果，如果你種了因，就會得到果。

我們兩人都各自研究過富人，以及他們如何成為那樣的人。雖然我們分居世界兩端（柯利在美國，雅德尼在澳洲），但得出了類似的結論。

柯利是認證合格會計師（CPA），看到他的一些客戶遠比其他客戶成功，所以著手在五年內研究兩百三十三名富人和一百二十八名窮人，並從一百四十四個問題中分析出結果，總共回覆約五萬兩千個答案！

雅德尼則是研究了經由世上一些最成功商務人士指導多年的富有成功者，他花了數十萬美元在個人發展教育、輔導和指導上。雅德尼壯大了自己的全國性業務和數百萬美元的房地產投資組合，接著在澳洲培育出的成功房地產投資人比其他人還多。他和團隊曾涉足價值超過二十億美元的房地產交易，而且過去十年親自指導兩千多名投資人、商務人士和創業家。

柯利和雅德尼得出類似的結論，一點都不叫人驚訝。他們曉得，有錢和成功，與教育、種族、背景或年齡沒什麼關係，卻和人的思考方式、行動方式及習慣有很大關係。

他們學到的事，證實了華萊士．華特斯（Wallace Wattles）多年前在其著作《賺錢的科學練習》（*The Science of Getting Rich*）中所寫的，也就是「**你的想法帶來感受，你的感受帶來行動，你的行動帶來結果**」。

外部世界反映了你的內心世界——你的想法、感受、行動和習慣。

因此，雖然本書談的是致富，卻不談投資股票或房地產。相反地，柯利和雅德尼將分享致富的最大祕密：**若你想加入富人行列，就必須像富人一樣思考，並像富人一樣行動**。

不可能那麼簡單吧？

就是那麼簡單。儘管簡單，做起來卻不容易，而且這不是在玩文字遊戲。這就是為什麼大多數人沒有致富，但了解我們將分享的原則的人，確實變得富有。

而這就是為什麼你可以致富的原因！

你將了解，你所養成的習慣對你的財務狀況有多重要。

我們將告訴你，要解決財務問題，最好的方法就是改變思考方式，這將導致習慣改變，讓你開始像富人一樣思考，而不是像中產階級或窮人那樣想。用同樣的舊想法，沒辦法改變狀況。

有句諺語說：「給人一條魚，飽食一天。教人釣魚，終生溫飽。」這就是本書的目的。如果你不改變自己的思考方式，那麼所有的財務建議（實際上是世界上所有的錢）都不會讓你變富有。我們知道這可能有點難以置信，但請先耐住性子，我們將解釋為什麼我們全心全意相信這一點。

致富需要多久？

可能比你所想的時間要長一些，而且我們將分享的很可能和你預期的非常不同。

在研究富有客戶和一般人之間的最大差別時，我們發現他們的成功和其背景、教育、國籍、投資工具或起始資本的關係極小，相反地，這和他們如何思考有很大的關係。事實上，他們的成功有八〇%的原因在於心態。

這也許和你最初想聽的不一樣。你可能以為我們會告訴你如何在股市大賺一筆、如何相中下一塊房地產熱點，或者如何創設一家將成為金礦的企業。不妨想想，有人願意給你一百萬美元的現金，或者他們提議要教你如何養成百萬富翁的心態，你比較喜歡哪一個？相信大多數人會拿了現金就走，而不是學習如何改變自己。所以問問自己：你會選擇哪個選項？

如果你真的明白改變自己的心態對你比較好，那正是我們要和你分享的許多概念之一，而且你會發現，**當你改變，你的世界會發生變化**。令人興奮的是，你著手改造自己的速度愈快，能夠開始創造想要東西的速度就愈快。

不做評判

在這本書中，我們使用「富有」或「有錢」、「貧窮」或「一般」等詞彙，來區分已經實現財務自由的人和絕大多數未脫離朝九晚五辛勞工作、並繼續過著勉強溫飽或入不敷出生活的人。

我們曉得，在澳洲和美國（兩位作者分別居住的地方）幾乎沒有真正的窮人，通常只有富人和中產階級。**我們使用這些名詞只是試著區分兩者，絕對無意對「富人」或「窮人」有所評判，以及一個社會經濟群體是否優於另一個**。

這不是社會分析或評論。我們只是指出大多數人想要變有錢，或者至少能夠在財務上感到寬裕，事實上，我們見過的大多數人都希望在財務上獨立，他們對乏善可陳的日子，或辛辛苦苦賺取微薄薪資過活感到不滿。

我們也要明白指出，談到富人或窮人、財富或辛勞工作時，並沒有評判人的價值之意，因為說真的，沒辦法那麼做，所有人都是無價的。我們所說的是從財務角度來看，有些人表現得比其他人要好。

此外，本書交替使用「富有」、「有錢」和「成功」幾個名詞，只是為了方便起見，即使我們對財富所下的定義遠遠超過擁有金錢。

要真正富有，你需要金錢加上健康、金錢加上和親朋好友共享、金錢加上有時間享受、金錢加上能夠繼續增加、金錢加上性靈（而這對不同的人意謂著不同的東西），以及金錢加上有能力對社會和社群做出貢獻。

最後，只是為了說清楚……

本書談的不是賺錢

「賺錢」指的是你透過努力獲得財富，或者是獲取與努力工作相符的報酬。相反地，我們將告訴你為什麼有錢人愈來愈有錢，而且雖然他們努力工作，所得的財富之多卻遠遠不成比例。他們是因為以下因素而愈來愈有錢：

一、**他們的心態：**我們將討論他們對財富的想法、態度和信念。有一種思想方式使你像磁鐵一樣吸引財富，也有一種思想方式會排斥財富，而這顯然是大多數人的想法。但我們不會就此打住。遺憾的是，你不能只是「想著要有錢和有更多的錢」而已。

二、**他們的行為：**有錢人以某種方式做某些事而吸引金錢上門。他們有富習慣。他們受雇於人，或者自力營生，或者經營企業。富人和其他許多人一樣投資股票或房地產，但我們想說的要點是，他們不只做某些事，也以某種方式去做，一種和大多數人不同的方式。接著，當然是有錢人的某些習慣是一般人所沒有的。

三、**他們的知識**：有錢人在財務上長袖善舞，使得他們處於吸引財富的正確位置。

重塑與金錢的關係

你將在本書讀到的很多東西，最初會令人難以接受，因為它們有違你學到的知識或在日常媒體中看到的說法，所以你也許忍不住拒絕它們。它們甚至可能讓你感到不舒服。

為了避免浪費買這本書的錢，更重要的是為了避免錯失那一份等著你去分享、屬於你的財富，請務必保持耐性，準備好去思考乍看之下可能讓你覺得錯誤和不合理的觀念與建議。

在你繼續讀下去的過程中，有兩件事可能會妨礙你學習書中的寶貴經驗教訓。

首先，你可能會認為「我早就知道了」；第二個妨礙的想法可能是「這未免多到超過我的理解能力。無論如何我永遠走不到那裡，所以乾脆現在打住算了」。請注意，這是你的內心用來說服自己留在舒適圈的兩個藉口。

如果任何時間點你覺得吃不消，只要對自己說「我不必第一次讀就全懂」。你只需要先看完一遍，掌握其中要點，然後重讀第一次覺得沒道理的章節。

做得到嗎？

當你聽到自己的內心在說「我早就知道了」，也許你真的已經知道了。或者也許你應該再看一次，是否有以前未考慮過的新觀點？可以如何運用所學的新資訊？

改變可能很困難，但如果努力重塑自己對金錢的想法和感受，以及與它的關係，那麼你的心靈、精神，以及沒錯，金錢本身會更加富有！

為了鼓勵你，接下來兩章將簡述我們的「資歷」，讓你放心認真看待我們的建議。但願這篇冗長的導言，為我們即將一起分享的激動人心旅程奠定好基礎。

我們就要向你指出一種邁向財務獨立相當獨特的方式。我們見過背負沉重債務的人，利用這些財富建立策略，擺脫看不到未來的困境。我們也見到在許多人眼裡已經有錢的人，財富飛躍增長。不管你的起點在哪裡，這些策略都會在來年給你優勢。

然而在你賺更多錢時，會發現金錢不會帶來快樂。它可能給你某種短暫的滿足，尤其如果財務不安全的話。但是當你在財富金字塔（我們將在不久後解釋這個概念）往上爬時，會發現人際關係和貢獻對你來說，比金錢更有意義。

金錢本身是空洞無意義的，你必須給它一個意義。你可以賺取、增長、投資、爭奪、贏得、失去、守護，交換、贈與或埋葬金錢，但你能用錢去做的最好的事，就是分享它。

捐獻已經成為我們和家人生活的重要部分。我們和賺錢能力稍差的人分享的每一塊錢，都翻了一倍價值，也許不是冷冰冰的錢增加一倍，而是其他無數方面的價值增多了。

那麼，你準備好了解富人的習慣和心態了嗎？

第1章 湯姆．柯利是誰？

為什麼人生勝利組那麼少？為什麼有些人富、有些人窮？富人每天做了哪些特別的事情是其他人沒做的？極少人終其一生能夠找到這些問題的答案。遺憾的是，學校沒教人生怎麼成功這個課題。我們都在同一艘船上，試著自行反覆試驗摸索，在錯誤中跌跌撞撞學習。

九歲那年，我家的千百萬資產一夕之間化為烏有，我深刻體會到貧富之間的天壤之別。長大成人後，我花了五年時間，觀察和記錄兩百三十三位富人和一百二十八位掙扎求生的窮人每天都做了什麼事。我發現，富人（尤其是白手起家的富翁）和窮人之間的日常習慣竟然天差地遠。

從貧富研究看見習慣差異

我是在宗教信仰非常虔誠的家庭長大，我們每個星期日都會參加彌撒，每逢星期六都要告解，每晚睡前都得誦唸玫瑰經。很小的時候，我真的相信我生來是擔任神職。但人生多變，我反而成了認證合格會計師。我認識的大多數會計師都是道德感強烈、誠信正直的人。我想，天生不適合擔任神職的人，到頭來都成了會計師！

我母親經常唸誦〈馬太福音〉第十九章二十四節的一句經文給我聽：「駱駝穿過針的眼，比財主進神的國還容易呢！」因此我成人後，相信追求和積攢財富是不赦之罪，並將所有的富人視為罪人。

在我用五年光陰研究富人和窮人的日常生活習慣並完成分析後的二〇〇九年，一切都變了。這項研究開啟了我的眼界。我了解到有錢人不是壞人，他們當中許多人投入大量時間和金錢資助與經營慈善組織，去幫助窮人、殘疾人士、無家可歸者及被社會遺棄的人。

我發現，富人是世界上最好的人之一。不，追求和積攢財富不是罪。事實上，我開始相信，追求和實現夢想並在這個過程中致富的那些人，實際上比坐著譴責他們的人更接近上帝。所以，不要讓無知的意識形態阻礙你追求成功，將自己從框框中解放出來。在我看來，那些認為追求和積攢財富是壞行為的人，才是真正的罪人。

我在研究期間發現，有超過三百項日常活動使得「富人」有別於「窮人」。這項研究成果可見我的暢銷書《富習慣：富人的日常成功習慣》（*Rich Habits: The Daily Success Habits of Wealthy Individuals*）。

我也是認證合格的理財規畫顧問（CFP），並擁有稅務碩士學位。身為賽瑞懷斯公司（Cerefice and Company）的總裁，我領導紐澤西州首屈一指的金融公司之一。

二〇〇四到〇九年間，我花了人生中的五年，研究超過三百五十名富人和窮人的日常活動，目的是要了解他們從早上醒來到晚上就寢之間做了什麼事。

感謝這項研究讓我能夠確切指出富人做對了什麼，以及窮人做錯了什麼。我將學到的知識納入「富習慣計畫」（Rich Habits Program），設計並提供易於遵循的及時指導，以實現不受限制的個人和財務成功。

財富不只是一時僥倖、受過高等正規教育、卓越的工作倫理或遺產繼承的副產品。成功是極為簡單的過程。本書談的是二十一世紀財務成功和快樂的藍圖！

你的人生將要改變

我的研究起因於一位為生計掙扎的客戶來辦公室向我請益。這位客戶的企業正在成長，但收支難以平衡，尤其在發放薪資的時候。他絕望透頂地問：「我做錯了什麼？」

我花了幾個月的時間分析他的業務、費用、流程、薪資率以及業界比較資料，甚至向同行總收入水準相近、業務經營的人口結構資料相當的「富」客戶請教。做完所有這些事情之後，對於我所做的努力唯一需要報告的是：我的客戶每年領取的薪水，比那位「富」客戶多了約四萬美元。

幾個星期後，我和那位焦頭爛額的客戶共進午餐，表明唯一引人注目的變數是他的薪水高了一點。

客戶聽了不高興，我也不高興，兩人默默坐了一會兒。為了打破令人不安的寂靜，我開口問客戶平常都做什麼消遣，這似乎化解了尷尬氣氛，因為他的言談舉止馬上有了變化。

客戶傾身向前，張望一下餐廳四周的其他桌子，壓低嗓門說：「星期三晚上，我總會找幾個女士喝幾瓶紅酒和……」

客戶看到我臉上明顯的吃驚表情，打住話頭。「不好意思，」他說：「不應該和你談這些的，我有時就是話多。」

我請他不必緊張，說我在紐約的愛爾蘭天主教八口之家長大。我告訴他，在我家，我們把法律看做只是需要設法克服的障礙。這一生，我沒見過的事很少。

我會吃驚不是道德上清高，而是發現幾個月下來，我一直在問客戶錯誤的問題。我接著問他，那些週三晚上花了多少錢，以及這種事情做了多久。他承認，大約十年前他離婚後，就養成週三晚上尋歡作樂的習慣。他想了一下，估計那些夜晚的花費在五百美元左右。

我很快算出那些週三晚上的費用，合計一年約為兩萬五千美元。我進一步計算，這十年來，這個習慣花掉他大約三十五萬美元，這三十五萬美元幾乎正好等於銀行已經取消他公司的信用額度。他多領的四萬美元薪水是用於支應週三晚上的約會，更糟的是，他以自己的信用額度來支付！

這個習慣最後害我的客戶破產。

我猛然領悟到，影響財務成敗的原因遠比表面上看到的要多。**魔鬼藏在細節裡**。發掘這些細節的唯一方法，是問正確的問題。我最後列出現在所說的「二十個問題清單」。這個清單實際上有一百四十四個問題，分成二十類。我在五年內向兩百三十三名富人和一百二十八名窮人提問這一百四十四個問題。如果你算一下，就會知道總共問了五萬一千九百八十四次。在兩百三十三名富人當中，一百七十七人是白手起家的富翁，三一%出身寒微，四五％來自中產階級。我花了五年時間完成研究並分析資料。

我從五萬一千九百八十四次提問中收集到的資料，清楚指出富人和窮人的日常生活方式，存在著有如大峽谷般的巨大差異。這位客戶無意間帶我走上發現財務成功的祕密之路，而這個祕密就是我們的習慣！

我們的習慣，無論好壞，決定了我們人生的財務狀況。有助於財務成功的那些習慣，我稱為「富習慣」；把我們拖入貧困之境的那些習慣，我稱為「窮習慣」。

如果你想看問題清單和我的研究發現細節，請在 www.RichHabitsPoorHabits.com 登錄本書，以瀏覽所有的細節和更多的附加內容。如果你是我第一本書《富習慣》的數十萬讀者之一，我敢說，進一步擴充論述的這本新書會讓你愛不釋手，它收錄了我最近的所有研究，以及雅德尼的高見，幫助你像富人一樣思考和生活。

謝謝你展讀這本書，你的人生就要改變！

第2章

麥可·雅德尼是誰？

任何人告訴你如何致富，你當然不會都聽，對吧？至少我希望你不是這樣！所以我要介紹一下自己是什麼樣的人，以及為什麼有資格和你分享這方面的資訊。但不要因此不讀這一章！我只想解釋一下我如何學會創造財富，並且告訴你，如果我能做到，你也能。

我也想讓你了解這些年來影響我的一些事情，因為如果你要向創造財富的某個人請益，你應該問：「為什麼我要聽你的？」重要的是，你知道他們曉得自己在說什麼，也端出長期可驗證的紀錄。

誰能助你致富？

我讀過不少談財務和個人理財的書，其中許多是我們大多數人不會說是「富有」的作者所著。如果他們自己沒有做到真正的財務獨立，又怎麼會認為能夠告訴你如何做到？他們大多相信「弄假直到成真」的哲學，而且雖然有些人過去幾年做得很好，但其中很多是因為錯誤的理由而有好表現——漲潮會使所有船隻都浮起來。

雖然我是澳洲關於成功和財富創造心理學最多產的作家，但我不是理論家；我在一九七

○年代初以一萬八千美元買了生平第一筆投資型房地產，然後利用閒暇時間，將兩千美元的個人貸款操作成非常非常可觀的數百萬美元房地產投資組合。

今天，我是大都會（Metropole）公司集團執行長，在澳洲三大省會首府（墨爾本、雪梨和布里斯本）的辦事處擁有一支房地產專業團隊。我們一起買進、賣出、磋商和專案管理價值超過二十億美元的房地產交易，努力為客戶（和我們自己）創造財富。

我寫了八本暢銷書，被選為澳洲首屆一指的房地產投資顧問，而且報紙、雜誌和廣播電台經常引用我說的話。

我每天寫的部落格（www.PropertyUpdate.com.au）有超過十萬名訂戶，而且培育出的澳洲成功房地產投資人可能多於其他人。我經常出席澳洲和東南亞各地的研討會，並教導人們如何透過房地產投資和財富與成功心理學去創造財富。

十年來，我指導超過兩千名房地產投資人、創業家和商務人士，為自己和其他人賺進很多錢。但我雖然做出似乎審慎正確的決策，有時卻因為經濟環境出乎意料的變化，措手不及，讓決策變得不智而賠錢。

我的漂亮妻子潘姆（Pam）退休之前，也是我事業的創始合夥人之一。我們的混合家庭有六個孩子和九個孫子女。我們有一個非常可觀的房地產和股票組合，住在漂亮的頂樓豪華公寓，有很多好朋友，享受我們長大成人時只敢夢想的生活。

告訴你這些事情不是為了炫富（我不需要這麼做），只是萬一你好奇想知道，生活並不總是這麼過或者這麼美好……

我的父母是勞動階級，三歲時我來到澳洲，全家定居在墨爾本。我的童年記憶包括每個月底要付帳單時，父母總是在爭吵。我記得他們談過要付錢給誰、不付錢給誰；記得他們每星期都要省吃儉用存下幾先令（這是在澳元和澳分之前的貨幣），耶誕節才有錢可用。

有趣的是，我的父母都是受雇員工（父親太害怕承擔自營企業的「風險」），但他們幾乎所有朋友都擁有自己的事業，而且遠比我們富裕。在我看來，我們是街上最貧窮的家庭，我當然也覺得是朋友當中最窮的。

朋友的父母都有車子（多年來我家一直買不起車子）；我的朋友和父母暑假會去度假（多年來我們都沒有）；而且我朋友的父母擁有投資型房地產（我小時候家裡沒有）。總之，在我朋友的父母擁有自己的企業並投資房地產以增長財富之際，我記得父親的財務計畫是什麼樣子。

每個星期六早上，他會坐在廚房桌子旁抽菸、喝黑咖啡和作白日夢。他會列出清單，準備在樂透彩中獎時花掉獎金。他當然從來沒有中過大獎，但偶爾會贏得的小獎，足以鼓勵他買更多的樂透彩，期望下個週末抱走大獎。買樂透彩當然不算財務計畫……但這是父親認為可以逃避人比人、汲汲營營競爭的唯一方式。

我從父母那裡學到許多非常有益的東西，他們試著灌輸我良好的道德價值觀，希望我過著比他們好的生活。他們強烈鼓勵我接受良好教育、找到安穩工作、購買房屋並付清房款。

另一方面，我拜訪朋友時，聽到了他們的父母給他們非常不同的忠告。他們說：「如果你想在澳洲生活（他們稱澳洲為「幸運國家」，因為大多數人是歐洲移民），你需要踏進商界賺錢，接著應該投資房地產，這是賺大錢的真實道路。」

根據朋友父母所說的話，我學到了不能指望樂透彩或老闆讓自己變富有。我從很小的時候就知道自己想要變富有，而且很快就了解到，想要致富，一切取決於我！

是什麼讓人變有錢和有權？

我不記得到底什麼時候決定要變富有，但我知道當時還小。從很小的時候，我就確定不想在長大成人的過程中像父母一樣拚死拚活，不想和妻子為錢吵架，爭執我們有錢支付哪些帳單和沒錢支付哪些帳單。

除了觀察朋友的父母是怎麼做到的，再加上無止盡地問問題，盡我所能向他們學習。我也研究富有和成功的人，因為我想要像他們一樣。我盡己所能地閱讀，了解到是什麼因素導致若干男女在他們所做的一切事情上取得成功，而智力相當的其他人卻失敗了。我想知道是什麼區隔開富人和超級成功者與其他的人。

研究這些人時，我發現他們不一定受過高等教育，有很多富人和成功者沒上過大學，事實上，許多人根本沒有念完小學。他們不見得擁有更多資源，許多人出身貧窮或是移民，所以我抽絲剝繭，尋找共同點。我發現許多人靠房地產賺了大錢，而且在其他行業賺錢的人，似乎都把錢投入了房地產。

你可能會說，不是所有成功的人都富有，而且不是所有的富人都成功。你說得沒錯。我們都讀過富人過著悲慘的孤獨生活，或者沒有過平衡的生活，享受不到家人和朋友帶來的歡愉。我花了很多年才知道，要真正富有，需要的遠遠不只是金錢而已。但請記住，我還年輕、天真，而且我想擁有一切！這導致了生活失衡，有時出現比我想討論還要多的問題。

現在回想起來，可以看到由於童年經驗，我的心靈遭到汙染且感到憤怒。我憤怒是因為家裡很窮，覺得錯過了朋友享有的很多東西。所以在我人生的前半部，我追逐金錢，迫切想要「富有」，也著手嘗試向世界「證明」自己。

有趣的是，隨著我的房地產投資組合成長，我發現這樣還不夠。憤怒沒有真的消失，我仍想要更多。多年後我了解到，如果驅動你想要錢的動機是恐懼或憤怒或要證明自己，那麼錢幫不了你。當你拿到錢時，恐懼不會消失，憤怒不會消失。**錢不會讓你成為不同的人**。

我以不健康的方式追逐金錢，導致了嚴重失衡的生活，除此之外，這也毀了我前半部的人生。在我更年輕的時候，我做了一些非常慚愧的事，毀了婚姻，破壞了早期的事業生涯。我因為自己的行為付出代價，這讓我成為非常不同但更好的人。

我開始明白，對我來說真正重要的是什麼。隨著時間推移，我了解到有錢必須有更具意義的理由。我接著著手打造「大都會」的業務，而這成了潘姆和我多年辛勤工作的焦點。但直到發現金錢的真正目的，我才真的變得富有。

很遺憾地說，我花了太多年才理解到金錢對自己的真正目的（而且我相信這對本書的每一位讀者都不一樣）是對人群有所貢獻。

多年來，我一直很喜歡以多種方式回饋社區。我致力於透過我的部落格、著作、網路廣播和研討會來教育房地產投資人。潘姆和我捐款給許多公益慈善機構；不只是錢，還有時間和精力。

是的，我的人生遭遇過挑戰（大多是自找的），而且曾經掉到谷底，但我再次站起來，從錯誤中汲取教訓並向前邁進。

為什麼有些人遠比其他人成功？

我主辦財富創造研討會已經超過十六年，發現了一些非常有趣的事情。

我向幾百人的聽眾演說，但只有一小部分人（可能約為出席者的一或二%）會採取行動，並且做點什麼事情來增長財富，並保護他們的財務未來。猜猜其餘的人做了什麼？你猜對了，什麼都沒做。

身為教育工作者，我感到很失望，因為我想把工作做好。所以我開始舉辦時間更長的研討會，有時持續二到三天。我請來演講嘉賓，而且教導人們更多致富的材料。

猜猜發生了什麼事？一或二%的出席者會採取行動，做點什麼事情來增長財富，並保護自己的財務未來。在我的研討會上，絕大多數與會者都說他們真的樂在其中，但回家後並沒有採取行動。

我因此想知道，為什麼有些人會聽進所有可用的知識，而且能夠立即應用，以改善他們的狀況和變得富有，而其他人卻連最基本的改變也得費盡九牛二虎之力？是什麼把成功者和不成功者區隔開來？

愛因斯坦觀察到一件有趣的事：「我們不能用製造問題的相同思維去解決問題。」根據和成千上萬一般人共事的經驗，我發現許多人在致富之路卡在哪裡。正如愛因斯坦所指出的，某些思維層級使他們到達那裡，並讓他們繼續留在那裡。

當我在研討會上演說，人們會問同樣的問題：「為什麼對有些人來說，成功似乎來得很容易，而其他人則要使出渾身解數？」「我如何建立一直想要的財務自由？」

如果你問這些人：「金錢對你意謂著什麼？」他們通常會說是「自由」。被問到自由對他們意謂著什麼時，他們會說「我能以自己的方式過生活」，或者「在餐廳點餐時可以不必看菜單右欄」，或者「我可以買東西給家人，不用操心價格」之類的話。

本書的目標之一，是告訴你致富之路，同時讓你了解對金錢的看法，以及你大部分生活中對金錢表現的多數行為方式（你的金錢習慣）很可能存在缺陷，這一直阻礙你前進。

這不是你的錯……關於金錢，你所學的大部分知識可能是不富有的人教給你的，而我們的教育體系沒能幫到你。但現在是自我教育的時候了，藉著了解富人如何思考、感受和行為，然後做富人做的事，以及學習如何致富，也就是學習他們的富習慣。

為什麼我還在工作？

有位潛在客戶問我：「雅德尼，既然你的蠟燭比生日蛋糕貴，為什麼你還在工作？」

我知道其他人都在想，這傢伙真的財務獨立嗎？如果真是這樣，為什麼還坐在我對面，想要告訴我如何在財務上獨立？我很樂於回答這些問題，因為對任何想要發展財務自由的人來說，答案中藏有一些發人深省的教訓。

首先，第二個問題的答案是：是的，我真的在財務上獨立，多年來建立了非常可觀的房地產和股票投資組合。但我認為，對你來說最重要的教訓將來自我為什麼還在工作這個問題的答案。

讓我用個小故事說明。

我最近看到一個消息，滾石樂團的米克．傑格（Mick Jagger）以七十三歲高齡正巡迴美國各地，在一個城市現身表演、離開，再到下一個地方。

再說一遍，他已經七十三歲了，卻還在巡迴演出。

我覺得這個故事聽了應該很具鼓勵性，這表示從現在開始許多年，我可能還是會以某種方式上台舉辦研討會。

多年來我努力工作，所以現在不需要為了財務上的理由工作，但我想我到了七十三歲，仍然會樂在其中，就像傑格那樣。據我所知，傑格不需要滿足財務需求，他仍然巡迴演出，因為找不到同等熱情，去做更好的事情。

為什麼成功人士在揭示他們何以成功之後很久，還繼續堅持做一直在做的事？很多人似乎不理解，但我想我要說的是，許多企業人士、創業家和投資人那麼成功和富有的原因，是一開始就對自己的工作懷有熱情。這就是我還在工作的主要原因。

我仍然興致勃勃地談論如何締結交易、發展培訓計畫、寫部落格和書、教育投資人，更重要的是，看著客戶在財務上獨立和成功。

你知道的，我一整天都在談房地產，邊喝咖啡邊和一些不錯的人交易。為什麼我還在工作？老實說，我仍然十分清楚、坦然無愧、極其熱中於賺錢和增加金錢。我喜歡把錢傳下去，幫助後代，包括我的子女和孫子女，還有大量捐獻給公益慈善事業。我非常感謝我擁有的，並且相信有義務回報這個世界，而這是我花那麼多時間寫作和教育的部分原因。

這些活動顯然是我所做的一切之中，財務上獲利最低卻最有價值的事情。

為什麼一個有錢人要寫書幫他人致富？

這是抱持「稀缺心態」（scarcity mentality）的窮人會問的問題，稍後將解釋原因，但我之所以花時間和朋友柯利一起寫這本書，是因為我喜歡寫關於成功心理學的主題，我密切研究這個主題已經超過二十五年了。

十多年來，我一直在指導成功的投資人，而且過去十五年，在主要的線上和紙本出版品撰寫財富創造方面的文章。我很自豪，因為很多人認為我是這個領域的頂尖專家，我也樂於分享我的知識。事實上，我認為我有義務分享知識，並回饋給已經贈予我許多的這個世界。

我有時間和自由去做自己喜歡的事，這當然是有幫助的，因為我已經累積了大量財富，讓我能在想做的時候去做想做的事。

現在，回到剛才提到的「稀缺心態」。

如果你購買投資型房地產，會讓我不能買嗎？不會！如果你增大股票投資組合，會讓我不能建立一個這樣的組合嗎？不會！事實上，富人抱持「富足心態」（abundant mindset），雖然有些窮人會問為什麼我願意分享自己的「祕密」（來自稀缺心態），但我相信任何有合理智慧的人，只要有足夠的動力，得到正確的指導和付諸應用，以及他們真的這麼做，都能變富有。這不只有助於他們，也有助於整個經濟和社會。

順便說一下，我不是為了錢才做這件事。寫書不是致富的極佳方法。然而，許多讀者寄電子郵件給我，談他們從我這裡學到些什麼而獲得成功，這讓我感覺得到了豐厚的報酬。對我來說，這比本書收到的任何版稅更有價值。

還有一件事：「指導」（諮詢、培訓和教育）是大多數富有和成功企業人士的祕密習慣之一。大多數人想到指導時，總是視之為單方面的，即學徒向師父學習，但指導遠遠不只於此。這不只是付出和回饋而已，它也有自私的成分。我發現，訓練他人做我所做的事，並幫助他們在人生中表現優異，會使自己的成功機會倍增。指導別人會創造飛躍成功的循環，不只使學生富裕，也使得導師的生活更有意義——沒有人會失去什麼。

所以，謝謝你們讓我帶你們踏上財務自由之旅。

我只要求你們讀這本書，我們的免費網站（www.RichHabitsPoorhabits.com）資源等著你們去使用並採取行動。你不會一夜暴富，但我知道它可以改造你的財務未來。

第3章

為什麼我們要你變富有？

我們認為，拿起這本書的人大都已經決定要扭轉人生。他們希望不要再省吃儉用來償還債務，想要有更多時間和金錢去做長期夢寐以求的所有事情，最有可能的是，他們想要變富有。我們說對了嗎？

那麼，為了實現這些目標，你將不得不改變。

為什麼必須改變？

你會處於當前的財務狀況（不管可能是什麼），是因為你到目前為止處理金錢的方式所造成的。如果你想要處於其他某個位置，從邏輯上來說，你將必須以不同方式做事。但對大多數人而言，改變做事方式（尤其和錢有關）想起來就很可怕。這會將已知轉為未知，意謂著放棄可能很難打破的舊思想和習慣。

有時害怕是好事。現在很多人擔心經濟形勢，關切自己的工作和財務安全。如果你害怕情況可能變更糟，害怕可能失去金錢或工作，這樣就能促使你接受改變，否則你也許會逃避改變，繼續走進同樣的死胡同。

為了變富有，你必須捨棄許多舊方式（到現在對你真的沒有太大幫助的方式），並且採用新觀念和策略。換句話說，你必須「改變」。重要的是，你也需要自己控制財務狀況。問題是，許多人會發現，在決定如何思考金錢或如何處理他們的錢時，恐懼感占了上風，並且蒙蔽了他們的判斷力。有些人甚至因為害怕而停滯，選擇留在過去。

如果我們能改變相信的事，就能改變所做的事。如果你繼續以這種新方式思考，而且繼續做新的事情，就會養成新的習慣。但如果你在金錢方面繼續一直在做的事，就可能落於人後，發現自己沒有多少選擇。

你只要打開電視、翻開報紙或瀏覽 iPad，就能發現我們活在有趣的時代，對許多人而言卻是可怕的時代。然而即使我們今天生活在充滿挑戰的時代，一般人也能做很多事去建立和保護他們的財務安全。我們發現，同樣讓許多人對自己的財務未來感到不確定的事件，反而為你創造了一些絕佳機會，實現自身的財務獨立。

話雖如此，經濟學家、社會分析家、一些政治家和媒體高談闊論我們需要降低期望，並且節衣縮食，以應對當前的經濟狀況。他們見到富者愈富，希望他們拿出更多的錢和全國人民分享。對於準備被環境牽著鼻子走的那些人來說，這可能是讓他們拍手叫好的建議；但降低我們的期望是沒有意義的。只要有錢、財富和富裕，你就有權結合本書準備和你分享的正確思維、策略、行為和習慣，去吸引它和獲得它。

由於我們活在刺激的金融時代（許多市場全球化和技術變動帶來快速變遷的時期），所以會有很多機會。我們相信，我們正活在歷史上最好的時期，這個時期比以往任何時候都容易變富有。在一九〇〇年代，你需要大量金錢才能致富，成為實業家或商人，但今天，許多人運用「智慧財產」或投資自古以來的房地產而變有錢。

事實上，過去二十年變富有的人多於人類歷史上的任何時候（你可能想知道為什麼你沒有變富有）。問題是，更容易變富有不表示每個人都會做。他們根本不去做。柯利花了五年時間研究富人和窮人，發現只有大約四％的窮人變富有。

幸好，我們將和你分享一些財務自由的捷徑。

話雖如此，如果致富很容易，那麼每個人都會富有。每年有愈來愈多的報告指出，我們之中很少人有足夠的儲蓄、退休金或投資足以過舒適的退休生活。隨著醫療進步，我們都將活得更久，許多人被迫工作更長的時間，為了準備退休生活所需而賺錢。

為什麼要你變富有？

有一種說法我們認為真實不虛：「任何金錢可以解決的問題都不是問題。」我們也聽說過：「你的錢包狀態和你的心思狀態一致。」也就是說，當你有金錢上的問題，你也可能承受更大的壓力。這並不是說富人沒有生活上的問題，他們確實有自己的問題，但柯利的研究發現，有錢可以消除生活中六七％的主要問題。這是相當高的比率。

那麼，我們來看看所有人都遇過的相同問題，以及富人如何消除其中的許多問題。我們也要探討財富金字塔（Wealth Pyramid），讓你更了解自己所處的位置，以及想要去的地方。

一、財務問題

窮人為錢（嗯……實際上是沒錢）操心且睡不安枕，以及他們的許多人際關係問題都源於缺錢，富人的財務問題類型卻和資金與投資管理有關。

在柯利的研究中，百分之百的富人擁有房產，八四％沒有抵押貸款。

二、健康問題

根據柯利的研究資料，七六％的富人每天做三十分鐘左右的有氧運動；有氧運動對健康有益的科學證據十分明確，它會改善健康並延長壽命。

好吧，你可能會想，那癌症怎麼樣？有錢肯定不能阻止罹癌吧！

你說得沒錯，癌症一視同仁，不分貧富都會上身。然而研究指出，飲食不良會增加癌症的發病率。根據柯利的研究，**富人和窮人的飲食差別很大**。和窮人比起來，富人吃的垃圾食物少得多，喝的酒少得多，不上速食餐廳，吃的糖少得多。除此之外，一旦遇到健康問題，富人有財力取得最佳的醫療照護。

三、家庭問題

現在有些壞消息……不論貧富，我們都無法控制家庭問題。有了家庭，意謂著你需要處理一大堆家庭問題。

四、鄰居問題

富人有選擇要住在哪個社區、挑選和什麼人為鄰的財力。一般而言，他們住在更寬敞的獨棟房屋，而不是和左鄰右舍毗鄰而居。

五、房子問題

富人不只能夠選擇住在哪裡和如何生活，如果房子出了問題，富人也有錢立刻修復。需要大修時，富人的唯一問題是水電工或木工能以多快速度完成工作。對富人來說，房子出問題時，財務上不會捉襟見肘。

六、車子問題

同樣的，富人能夠擁有想要的任何車子，而且如果愛車出了問題，他們負擔得起拖吊到維修廠的費用或只要買輛新車就行。

七、成癮問題

毒品危害社會，富人也避免不了。富人有財務資源可以在處理成癮問題時取得最佳照護，並且將自己、配偶或子女送到最好、最有效的戒毒中心。這是有錢和沒錢的一大差別。

八、工作問題

根據柯利的資料，八六%的富人喜歡或熱愛自己賴以為生的事，因此把工作做得更好。他們不怕被解雇，因為擁有自己的事業（他的研究中有五一%的富人擁有自己的事業），或是工作上的決策者（研究中有九一%是決策者），這表示他們是發號施令的人。

九、人際關係問題

根據柯利的資料，人際關係是富人的籌碼。富人與擁有相同目標、夢想、思維、道德與美德的其他志同道合者交往。他們投入大量時間管理成功的人際關係，並且養成習慣避開有毒的人際關係。

十、死亡和殘疾問題

死亡或殘疾當然可能隨時發生在任何人身上，無論貧富。

十一、時間管理問題

六五%的富人至少要管理三個收入來源。這樣一來，他們在管理這些活動時，不斷遭受時間上的壓力。此外，由於超過九〇%的富人是他們工作上的決策者，不論身在哪裡，責任都如影隨形，即使度假也不例外。這表示除非他們學會運用正確的策略去集中精力，否則時間管理是富人的問題。

十二、天氣問題

我們有需要處理這個問題嗎？天氣影響每個人，無論貧富。

想變富有的另一個理由：你會活得更久

是的，根據布魯金斯學會（Brookings Institute）於二〇一六年發布的報告，富人確實活得更久，證實了之前的其他研究，並指出你有的錢愈多就愈健康，而且活得愈久。

這項研究發現，一九二〇年在美國出生的富人，平均而言，預期壽命比同年出生的窮人多約六歲。對一九四〇年出生的人來說，這個差距增加了一倍多。一九四〇年出生的富人和窮人之預期壽命差距是十二歲。

女性的預期壽命也出現同樣的趨勢。貧富女性之間的差距從一九二〇年出生女性的三．七歲，擴大到一九四〇年出生的十．一歲（見下頁圖）。

研究人員試著找出富人活更久的原因，探討了諸如吸菸、肥胖、教育、營養和運動等變數，卻未能找到差距日益擴大的明確原因。雖然取得更好的健康照護是明顯的因素，所得較高的人也受益於更好的生活條件，以及傾向於更關注未來，這可能有助於他們做出更健康的選擇。

窮人遠比富人有可能承受壓力、擔心、悲傷和憤怒，所以雖然金錢無法為你買到快樂，卻能買到壽命長更多的機會。我想，可以說是……貧窮害死你。

收入較多的美國人活得比收入較少的美國人久

這表示預期壽命的差距因所得不同而與日俱增

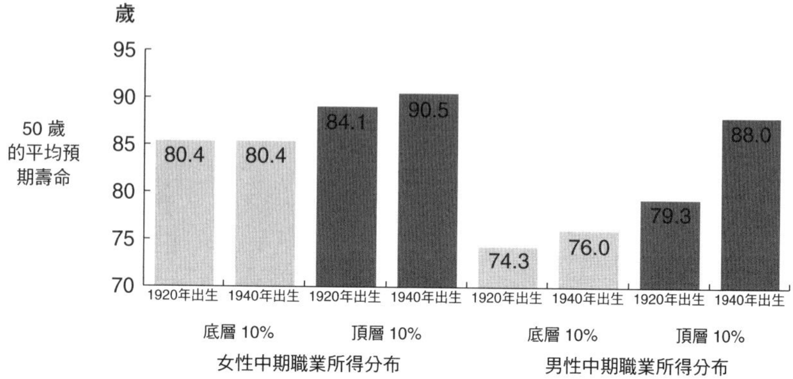

資料來源：Brookings.edu

你在財富金字塔的哪一層？

現在來探討你目前在財富金字塔中的位置。

不久前，擁有房屋的偉大夢想，被認為是為退休生活準備資金的一種方式。

問問嬰兒潮世代[1]的任何一個人，他們會告訴你，父母教他們要好好接受教育、找一份安穩的工作、買房子、還清貸款，然後，看吧，你安排好了黃金歲月的生活！

呃……真的不是那麼簡單。我們需要一棟以上的房子來為退休生活準備資金，尤其是你無法指望政府或養老金計畫來照顧你的時候。

當然，在晚年不用背負房債的情況下擁有自己的房屋是個好的開始，但你也需要設定一些投資目標和時間表。

為了幫助你了解未來有什麼，我們來看看雅德尼的模式之一：財富金字塔。下頁這張圖指出你在邁向財務獨立的路上位於哪一層，以及哪些

財富金字塔

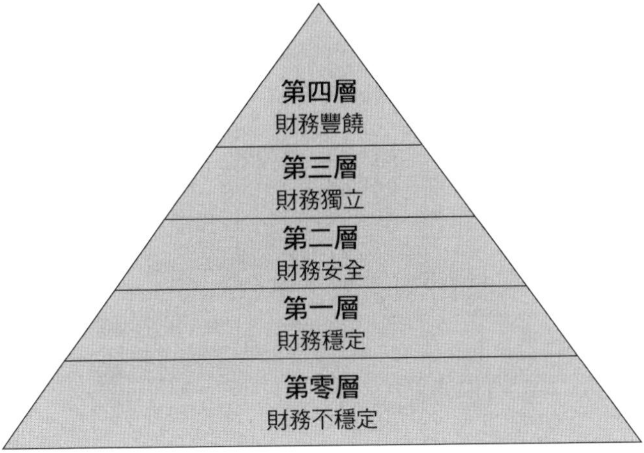

關鍵的焦點領域和槓桿點，好加快你的旅程。你可以用它來評估現在所處位置及想去的地方。

和所有金字塔一樣，它有一個很寬的底，愈往上愈窄；換句話說，大多數人處於財富光譜的較低層，達到頂層的人較少。

但願你從本書學到的知識和技能幫助你爬向金字塔頂層，但你從一層爬上另一層需要的解決方案，將依你在金字塔的位置而有所不同。遺憾的是，大多數人其實沒什麼財富，因此都困在第一層。

第零層：財務不穩定

大多數人從一個發薪日活到下一個發薪日，這就是所謂的財務不穩定。萬一失去工作，或者遇到緊急情況（你曉得這些事情不斷冒出來，像是生病、汽車壞了、冰箱掛點），他們根本沒有

❶ 嬰兒潮世代指的是出生於一九四六至六四年的人。

財務預備金來應對。

由於零層的人沒有閒餘的財務能力，應付這些重擔的唯一方法就是借更多錢（又加重了債務負擔），而這只會使財務更困難。他們把頭埋在沙裡過活，沒有真正意識到金錢和他們的支出習慣。

他們一有錢就花掉，沒錢就會去借，因為他們最喜歡的消遣是購物，以及購買不是真正需要的「東西」，這表示他們背負的不少債務都用在這些東西上。他們繼續這麼做，而且自欺欺人，認為只要更努力工作，終有一天會還清債務。

如果你問他們問題出在哪裡，他們會告訴你，他們賺的錢不夠用。他們認為，更多的錢可以解決他們的問題。但那種說法是不對的。他們最大的問題在於金錢習慣，而這和收入多寡無關。這和他們如何處理賺來的錢有關。他們在人生中前進，賺更多的錢，卻也花更多的錢。今天，他們沒辦法靠五年前只能夢想得到的那種所得過日子。

有許多高所得者落入這一類，因為他們花的錢和賺的錢一樣多或更多。沒錯，有些第零層財富的人士看起來有錢——他們甚至可能住豪宅或開名車，卻也背負巨額貸款，還款還得焦頭爛額。更遺憾的是，他們經常為了錢和另一半爭吵，否定財務狀況，並且合理化自己為什麼要買這個或那個東西。

第零層實際上可以分為兩個子群：

一、**焦頭爛額**：我們如此稱呼金字塔最底層的人，因為他們是金錢遊戲的受害者。他們每個月似乎都發現自己的處境比上個月更糟，通常是因為濫用信用卡，讓債務愈陷愈深。他們現在用明天的錢支付今天的高利率。他們當然會把自己的問題怪罪於別人，因為這絕不是他們的「錯」。他們經常閱讀有關預算編列的書，或者聽信他人說要剪掉信用卡，但那完全沒用。他們不知道如何「處理」錢。

接著，在金字塔往上半層是……

二、**苟延殘喘：**他們是受雇者、自力營生者，甚至是企業人士，每個月似乎賺到足夠的錢，卻什麼也沒留下。而且，如果偶然間銀行帳戶有點錢，他們會花掉或拿去度假。他們只是苟延殘喘而已。

第零層的人入不敷出是事實，而造成問題的真正原因則是他們否定這個事實。除非他們準備改變，否則他們的財務未來是黯淡的。

擺脫這一層的根本關鍵是心態、教育和負起財務責任。

第一層：財務穩定

這是最基本的財富水準，能夠給你某種程度的財務保障或穩定，也就是有下列狀況：

一、你已經累積足夠的流動資產（例如對沖帳戶〔offset account〕❷的錢、信用額度或儲蓄），以支應當前的生活費用至少六個月。

---

❷「對沖帳戶」是澳洲銀行推出的獨特貸款方式，帳戶持有者可以隨時存錢和提錢，並利用帳戶裡的錢繳還貸款，進而抵銷貸款利息。

二、你有私人的醫療險和壽險，一旦久病臥床、殘疾、無力工作，或者最壞的情況——突然死亡，可以保護你和家人的生活方式。

在這一層你可以安心，萬一人生遭逢任何意外，例如公司裁員、事業經營失敗、生病或殘疾，你和家人的生活方式不致受到過度傷害。你將有足夠時間尋找新的收入來源，讓自己重回正軌。

這一層的問題在於你的現金流量由他人控制，例如老闆支付你的薪資或客戶支付你提供的服務，這表示你仍得做牛做馬，而且沒辦法在不多工作的情況下增加現金流量，就算能增加也有上限。當然你得到了一點財務緩衝，但如果停止工作一段時間，就會跌回第零層。

如果你處於第一層，那麼目標應該是將更多現金流量轉移到資產，並建構一台投資「自動提款機」，如此一來，你的收入就不需要你付出更多努力。

然而在繼續談下去之前，我們再多解釋一下到底什麼是自動提款機。

早在一九八〇年代初，雅德尼那時的商業夥伴布萊恩（Brian）就告訴他：「雅德尼，我想要一台自動提款機！」

「你在說什麼？」他回答。

布萊恩解釋：「你知道啊，就是自動提款機。我希望早上來工作時按下開關，機器就開始運轉並吐出錢來。一天結束時關掉開關，回家享受天倫之樂，隔天回來再按下開關。這台機器會再度開始運轉，吐出更多的錢。」

你可以想像雅德尼是這麼說的：「我當然也想要有自動提款機。」誰不想要一台呢？

儘管這在當時似乎是個相當荒謬的白日夢，但多年來雅德尼確實打造出一台，一個規模相當大的房地產投資組合。這使得他每年有機會和家人共度兩個長假；他因為想工作而工作，而不是因為必須工作，而且能夠回饋社區、慈善機構和家庭。

我們猜測你也想要台自動提款機，不是嗎？為什麼不要？如果你隨著時間明智地投資，將能建立自己的龐大資產基礎，而那就會成為你的自動提款機。這需要投入時間、心力、走出舒適圈，並且承受一點風險，而這和你日常工作賺到多少收入無關。我們見過許多人一年賺進數十萬美元，卻將大部分錢花在華而不實的生活方式上，結果沒有變富有。

話雖如此，我們也看到成功的投資人建立起龐大的房地產投資或股票投資組合，同時從事有些人稱為枯燥卑微的日常工作，收入相當少。換句話說，他們的工作成了他們選擇去做的事，不是為了主要的收入來源而非做不可。是的，就是為了打造自己的自動提款機。

在這一層，你的最大槓桿來自投資自己和精通財務、培養穩健的財務和投資技能基礎，藉以壯大你的財務未來，並開始建立一張同儕網，在這趟旅程攜手同行。

你也必須選擇致力於精通的第一種投資工具，當個認真的學生，盡你所能學習這個利基財富工具。雅德尼顯然認為，大多數人的最佳起點是住宅用房地產投資。

在決定選用哪種財富工具時，你必須養成紀律，對其他的「大好機會」和方法堅定說不。我們對二流投資機會說「不」所賺到的錢，多於對它們說「好」，然後仔細選擇你要向誰學習。和一般的看法恰好相反，最貴的教育不是像頒授企業管理碩士（ＭＢＡ）學位那樣的研究所；最貴的教育是根據有缺陷的模式和不正確的資訊。最難的學習形式，是消除你從不合格老師那裡「學到」的所有錯誤、誤導和有缺陷的知識。所以要選擇向最優秀的人學習，這會省下你遵循有缺陷模式所挫折的許多年。

第二層：財務安全

在你積聚了充分資產，能產生足夠的被動收入以支應最基本開銷之後，就實現了財務安全。基本開銷包括以下幾項：

- 你的房屋抵押貸款和所有的房屋相關費用，例如水電費、利率和稅款。
- 你繳納的所有稅款，以及貸款和債務的利息支出。
- 你的汽車支出。
- 你的雜貨帳單和最低生活費用。
- 任何保險費，包括醫療、人壽、殘疾和你的房子。

當你達到財務安全這一層便可以不再工作，卻仍能維持簡單、基本的生活方式。不過，你當然會想要更多。

在第二層，你將是投資人，專注於擁有會增值的資產，建立個人的財富淨值。

在第二層的高階階段，你將開始從資本利得投資轉為被動性、剩餘現金流量投資。這表示你必須精通一整套全新的技能。你也必須急劇升級你的顧問網和同儕群。在小池塘當條大魚不再適合你，你需要開始和比自己更好的人一起玩。

第三層：財務自由

當你累積了充足資產，能夠產生足夠的被動收入以支應渴望的生活方式（不一定是目前的生活方式）和所有開銷，不必再外出工作，你便知道自己獲得了財務自由。

先建立起龐大的資產基礎（房地產、股票或企業）之後，現在你正在使用這些資產去創造現金流量，但不表示你不會再度工作，只是現在你能做想要的選擇，因為你有自由。

在第三層，你關注的焦點應該是穩定被動收入流，並且微調你的財產規畫和資產保護。現在也是尋找擴大貢獻方式、增加回饋世界的大好時機。

第三層不談「退休」，而是談再生和捐獻。

第四層：財務豐饒

世界上有一小群人在他們的投資自動提款機一夜之間實現時，便取得財務豐饒。他們不只沒有財務壓力，在支應生活開銷、所有費用及對社區的奉獻（通常透過慈善工作或捐贈）之後，還有不少剩餘收入，所以他們的資產基礎不斷增長。

關於財富金字塔，最後要說幾句話。這種財富層級其實沒什麼新意，它一直都存在，我們始終是它的一部分。抱怨你所在的位置無濟於事，但**你的財富水準是你選擇的結果**。儘管如此，大多數人都卡在特定的層級，投資從來沒有成功過。

你需要問自己的主要問題是：你是否計畫採用富習慣來致富，或者打算繼續當窮人？

所以，但願你現在更了解為什麼我們希望你致富。富有能夠給你選擇。它讓你過個更美好、更充實的生活，一種在每個可能的面向都富有的生活。

第二部

如何發展富思維？

麥可・雅德尼

第4章 控制自己的財務命運

但願你曉得，依很多量數來看，你已經很富有。

我們都知道，真正的財富遠遠超過你在銀行存了多少錢，或者擁有多少房地產，但是本章我們先談錢。

瑞士信貸公司（Credit Suisse）每一年都會製作一份「全球財富報告」（Global Wealth Report），指出全球的金錢分布情況。二〇一五年的報告顯示，澳洲人的財富中位數名列世界第二高，而且我們的窮人百分率非常低。

以下是瑞士信貸報告的其他一些有趣數字：

- 如果你的財富淨值有三千兩百一十美元（包括住宅價值），那麼你是世界上最富有的一半人之一。
- 一般人的財富淨值是五萬兩千四百美元。
- 最頂層一〇%的人（財富淨值需達六萬八千八百美元）持有全球財富的八七．七%。
- 你需要七十五萬九千九百美元，才能躋身世界上最富有的百分之一富豪。他們約擁有全球一半的資產。

- 總的來說，全球人口的下半部分擁有總財富的一%以下。
- 到二〇二〇年，全球財富可望比二〇一五年高出三八%。
- 五年內，百萬富翁人數將增加近半，從三千三百萬增為四千九百萬人。
- 未來幾年，中國和印度每年的成長率可能都超過九%。

澳洲的一些統計資料顯示：

- 每位成人的平均財富淨值為三十六萬四千九百美元。
- 每位成人的財富淨值中位數為十六萬八千三百美元。
- 總財富為六兆兩千億美元。
- 百萬富翁有九十六萬一千人。
- 全球財富持有者前一〇%有一千二百八十五萬人。
- 全球財富持有者前一%有一百四十八萬五千人。

在澳洲，這和房地產有很大的關係。

事實上，澳洲的財富嚴重偏向擁有房地產。一般澳洲人用這種投資工具壯大財富，多於用其他任何資產類別。單單在十年或更長時間裡，因為擁有自己的房子而賺錢的人數多到不可思議。在這段期間，許多房價翻了一番，這表示許多屋主見到他們的家庭財富大幅升高。世界上許多首都的情況大致相同。

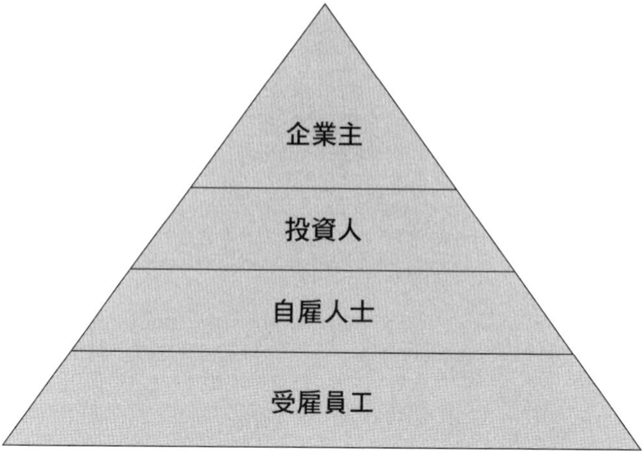

但是另一群人發現了如何不單靠自有房屋獲利的其他方式。他們成了房地產投資人，買進更多房地產。他們的財務未來握在自己的掌心。

富人和一般人有何不同

如果你研究富人如何實現財務自由，會發現這和他們的謀生方式關係不大，而和他們的心態（如何看待財富）與習慣（行為方式）更有關係。

談到人們如何賺錢，我們都可以落在上圖的這四類之中：受雇員工、自雇人士、投資人和企業主。

羅勃特・清崎（Robert T. Kiyosaki）在他的【富爸爸，窮爸爸】系列作中表示，就如何賺取收入而言，我們都屬於四個類別之一。

一、**受雇員工：有工作可做**，並從雇主那裡領得收入，用時間換取金錢；然而在他們看到錢之前，政府就先取走一部分稅款（因為政府很聰明）。

你可能會想：「他們當然是這樣，不是每個人都這樣嗎？」有趣的是，並非總是如此，有些投資人和企業主只有在支付各筆帳單之後，剩下的錢才繳稅。

二、**自雇人士：擁有工作**，而且通常是小企業主或專業人士，他們努力工作，希望投入的心力能獲得報償。但實際上，他們是把一個老闆換成好幾百個老闆（稱為顧客或客戶），而且仍是用時間換金錢。一旦他們休假或生病，根本就拿不到報酬。

三、**投資人：錢為他們效力**。投資人和以時間換金錢的受雇員工及自雇人士不同，他們用錢賺錢。有些人建立起夠大的投資組合，所以不必工作，因為他們的錢為他們效力。

不管今天怎麼賺錢，如果你希望將來富有，最後就必須成為投資人。

顯然你不會一夜之間就當上全職投資人，但你可以設法建立自己的房地產投資，開始朝那個方向前進。如果做得正確，賺取收入的住宅用房地產可以成為你擺脫與人競爭過日子的工具！

澳洲的房地產投資人也享有許多稅負優惠。在某些情況下，富者愈富的原因之一是他們可以賺取數百萬美元，並合法繳納很少的稅，因為他們建立的是資產基礎，而不是收入。

例如，如果你擁有一百萬美元的投資型房地產組合，價值增加七％，那麼你的資產基礎將增加七萬美元，可是在澳洲，這筆資本利得不必繳稅。接著你可以用增值後的資產去抵押借款，然後用這筆錢再去投資或過生活。

四、**企業主：擁有一套為他們效力的系統和人**。真正的企業主不僅不必工作，甚至不必每天進公司。為什麼？因為他們有一套系統，而且雇用一些人來做一切事情，再加上請來合格的主管為他管理團隊。

真正的企業主會問：「當你能夠雇用某人為你做事時，又何必自己動手？」

賺更多錢和少工作的最佳方法之一，就是擁有一家企業，因為稅制有利於了解財務、稅務和法律的企業主。身為企業人士，你可以擁有麥當勞的特許經營權，也有一群端送大麥克的青少年，或者可以擁有一個投資型房地產的投資組合為你賺大錢。

你可以靠別人的努力獲利

身為受雇員工，你必須用稅後收入來支付生活中的許多享樂（例如新車），而企業主能以稅前收入買新車，只要是用於業務和符合某些規定。如果電影票和度假等費用可以作為合法的業務開支申報，他們甚至可以用稅前收入去支付。

這是否表示你得創辦公司？

我並不鼓吹你開展一個傳統企業，我認為這樣賺錢太難了，因為大多數小型企業會在前五年破產。然而，我見到一些投資人藉壯大千百萬美元的房地產投資組合，並視為一項事業而變得非常富有。他們取得正確的財務形式，建立正確的所有權和資產保護結構，也知道如何利用對自己有利的稅制。

事實上，擁有產生收入的住宅用房地產就像擁有一家企業，因為你的租戶會去工作或經營企業來謀生。他們接著因為借你的房地產來住而付租金給你。這使得你處於一個能從其他人的努力獲利的位置——好好想想其間的好處！

那些人每天起床，穿好衣服去上班。你不必監督他們、替他們繳稅，或者操心他們休假或請病假還得支付薪資。可是每個月你都會以他們住你房子支付租金的形式，取得他們收入的一部分。你「雇用」的這種人愈多，獲得的收入就愈多。

在你關切所有道德問題之前，要明白如果以公平方式去做，而且真正關心他人，那麼這不是「壞事」。只要你為這種關係提供公平的價值，即使你定位自己從其他人的收入和努力中獲利，也不需要有罪惡感。

最重要的是，你可以在仍為受雇員工的同時，就建立自己的房地產投資事業；我就是這麼做的，我認識的每一位富有房地產投資人也是這麼做。他們一次建立一個房地產投資組合，同時靠著日常工作收入過活。

他們從一筆房地產開始，然後以其資本成長為槓桿，投資一筆又一筆，直到有一天他們發現自己擁有真正的房地產投資事業給了他們財務自由。

但大多數人不是這麼做的。我們來看看許多人是如何致富，以及哪些行得通和行不通。

線性收入相對於被動收入

受雇員工和自雇人士拿自己的時間和勞力換取金錢，而投資人和企業主則用錢滾錢。

聽我說，不是所有的收入都是以相同方式創造，有些收入流是線性的，有些是重複發生的。決定你的收入流是線性還是重複性的問題是：你每工作一小時，獲得多少次收入？

如果你回答只有一次，那麼你的收入是線性；來自薪資的收入流是線性的，你的努力只得到一次收入。但經常性收入（recurring income），你努力工作一次，卻一再地因為相同努力得到收入，它可以是持續數個月或甚至數年之久的穩定收入流。

這也是房地產投資人賺取收入的方式；他們努力工作累積資本，投資於房地產，然後房地產帶來租金和增值，為他們繼續效力。

受雇員工和自雇人士在財務上拚死拚活，因為他們為錢工作。為錢工作的問題在於你必須更賣力、花更長時間工作，或者收取更高的服務費用，然而我們的時間和精力十分有限。

富者愈富的原因之一是，他們要錢為他們效力，以取得更多資產。他們藉由建立龐大的資產基礎，最後取得需要的所有收入。

建立自己的房地產投資事業，並且創造投資收入，表示你不再只是在滿足自己的財務需求，而是開始做本身的財務選擇。你沒辦法馬上辭去日常的工作，但隨著投資收入增加，你會降低對日常工作的依賴，最後你的投資收入便能將你從工作中完全解放出來。

創造財富的是資產，不是收入

我們很難靠薪資致富，如果你處於以時間換取金錢的經濟狀態，而且按時計酬，你每個小時就只能賺那麼多，一天僅能工作那麼多小時。但不論你工作多賣力或者拿到多高薪資，以那種方式要賺到百萬美元是難若登天。

現實情況是，大多數富翁不是投資人就是企業主，而不是受雇員工。他們曉得收入（現金流量）很重要，但創造真正財富的是他們的資產。這是因為如果他們明智地投資，資產就會成長並且產生收入。

購買房地產時，你要先繳自備款，這就是你的錢或資產。當房地產增值，而你的貸款金額保持不變，你的資產（也就是資本）會增值。這稱為「資本利得」或「資本成長」。資本利得的一大好處在於它是你的，除非你出售房地產，否則不必繳稅（在澳洲，出售資產才需要繳資本利得稅〔capital gains tax, CGT〕）。不過遺憾的是，大多數人都沒有超過這個收入階段。他們的錢沒有成長和為他們效力。

但願你開始明白，你控制著自己的財務命運。我們將在本書後面告訴你如何控制它，但在那之前，先來探討一些重要的財富概念。

第5章 重要的財富概念

雖然這本書談的是致富，卻不觸碰投資或賺錢。有很多書會指導你這些概念。事實上，我在這個領域寫過許多暢銷書（www.MichaelYardneyBooks.com.au）。

這本書是為了了解富人每天做的事（他們的富習慣）如何使他們變富有。但本章要分享我創建的兩個模式，解釋富人在財務自由的道路上如何前進。這些模式加上第三章概述的財富金字塔，讓你了解自己在財務上是往哪裡走、正處於這條路上的哪個階段，以及你可以用來快速推進旅程的關鍵焦點領域和槓桿點在哪裡。這將幫助你了解自己必須學習什麼、需要做什麼，以及需要如何思考，以達到想去的終點。

但在我們深入研究這些概念之前，我想提一下財富金字塔的最後幾件事。

你是否注意到，有多少人熱中於追求創業的夢想，卻仍受雇於人？你是否曾遇到傑出的受雇員工，但在他們著手經營自己的企業時卻發現賺不到錢，甚至忙得沒時間休假？

這是因為我們在人生的旅途中往前邁進時，不論多麼賣力嘗試，都會遇到力有未逮的極限。我們就是沒辦法更上一層樓。這有點像是開車卡在二檔，油門踩得更用力，車子卻不會開得更快，我們只聽到引擎轉動得更大聲。

更上一層樓需要用不同的方式做事。柯利說，這需要你養成不同的習慣。而用不同的方

式做事，首先需要用不同的方式思考。好消息是，每個人都能在財富金字塔往上爬。了解目前的所在位置，能確保你去做需要做的事，好再爬上一層。但這絕不會偶然發生，你必須透過個人發展並升級你的心態來提高收入往上爬。

如果你得到一筆意外橫財，錢增加到超過你的發展水準，例如繼承一筆遺產或中了彩券（這對那些不會做數學運算的人來說真的是一筆負擔），統計資料指出，除非你努力提升自我並扭大財務溫控器的開關，否則幾年內就會失去那些錢。

那些位於頂層的人不會因為他們負擔得起而表現出奢侈的行為；他們負擔得起，是因為他們一路往上爬時的行為選擇和每天養成的習慣。

當我看到一位新客戶或指導一位導師計畫的新成員，我可以非常準確地預測那個人將來會落在財富金字塔的哪個位置。單單觀察他們的習慣、行為和對於金錢所用的語言，我就能預測他們將取得的成功和財富水準。

我稍後會解釋富人的思考方式和一般人有多麼不同，你便能理解我是如何做到這一點，而且我過去表現的一些適得其反的破壞性行為，以及此後學會像富人一樣思考，當然也很有幫助。我和數百位從貧困成為巨富和取得成功（包括建立龐大的房地產投資組合）的人士密切接觸，顯然也有幫助。

既然你已經更了解財富金字塔了，我們就來看看「財富象限」。

財富象限透露的真相

你環顧四周，看到一些人享受著他們的財富，而其他人正千辛萬苦賺錢，只是為了支付每個月的抵押貸款，很明顯可以知道有些人擁有大量的現金流量（收入），其他人卻沒有。有些人擁有龐大資產，但其他人沒有。然後有些人似乎擁有一切，他們擁有令人羨慕的收入加上可觀的資產基礎！

如果你想在財務上獨立，你的目標應該是追求更多的什麼？你如何平衡收入和資產？基本上，談到財富，我們都落入了下述四個象限之一（見下頁圖）。

顯然，你不想要落在**第四象限**，也就是沒有資產和現金流量少，但遺憾的是，很多人都位在這裡，因為他們背負了壞帳，而且千辛萬苦維持生計。他們位在財富金字塔的第零層。

位於**第三象限**的人通常擁有自己的房子（有時沒有舉債），但缺乏現金流量以享受生活。這個象限中的其他人是現金流量為負值的高度槓桿房地產投資人，他們經常是月光族，因為沒有建立適當的財務緩衝。這些投資人如果必須彌補抵押貸款支出的不足，他們通常幾乎沒有現金（如果有的話），而且一想到利率可能升高就不寒而慄，因為利率上升會吃光他們僅剩的極少現金流量。

落在**第一象限**的人有不錯的收入，但沒有任何會增值的資產。他們看起來通常很有錢，開昂貴的汽車，住豪宅，但擁有的資產往往少之又少，而且完全依賴高薪工作，以支應他們的生活方式。

四個財富象限

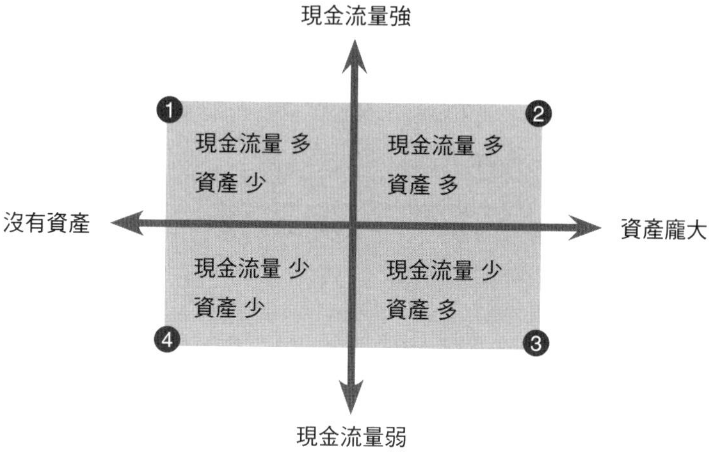

看到這四個象限，你無疑會想要進入**第二象限**，擁有能夠產生現金流量的龐大資產基礎。但我看到許多人試著以困難的方式獲得現金流量。他們不是給自己找另一份工作、試著讓網路行銷做得成功，就是藉由嘗試操盤、速買速賣或是把房地產一間間租出去等策略，辛辛苦苦投資以提高現金流量。

為自己產生被動收入

富人的祕密不一定是他們有更多的錢，反而是他們擁有更多資產，產生被動的重複性收入。這給了他們時間上的自由。由於他們的收入被動且重複，可以把時間花在想要的任何事情上。

當以被動賺取的重複性收入為過濾標準來觀察人們的生活，你會發現許多人並不像他們乍看之下那麼富裕。醫生和牙醫沒有從他們的工作賺取重複性收入；他們的收入潛力受限於他們能看診的患者數量，而且必須治療每一位患者。這是線性收入。

大多數的高薪專業人士也是一樣，他們同樣沒有享受到重複性收入的力量。他們看起來可能很有錢，卻和其他勞工一樣做牛做馬。

你的收入中有多少比例是重複性的？

如果你很聰明，你會開始發展被動賺取的重複性收入流。這最後會給你時間自由，在你想做的時候去做想做的事情。你可以這麼做的一種方式就是買進一筆投資型房地產，而且不管有沒有工作，租金收入會繼續流進。另外，幾年下來，房地產會增值。

為了達到第三層財富，有充足的重複性收入支應你享有的生活方式，同時償還所有債務，你顯然需要買進不只一筆投資型房地產。你將需要建立一個房地產投資事業，一個管理你的千百萬美元房地產投資組合，好讓你有可觀的被動收入。

從本質上講，要在財務上獨立，你需要找另一份工作，但不是為了你而找。你需要為你的錢找一份工作，讓它為你賣力工作，產生被動收入。

創造財富的是資產，不是收入

雖然被動收入（現金流量）在財務自由方面很重要，但我想解釋的是，創造真正財富的是你的資產；因為如果明智地投資，你的資產就會成長，收入會從資產流向你。

遺憾的是，大多數人並沒有超越那個收入階段。他們無法讓錢為自己效力，而且很簡單，**人沒辦法只是將收入存起來而致富**。

成為有錢人有四個階段：

一、教育自己。
二、建立你的資產基礎，藉由舉債和擁有不動產或股票。
三、降低你的債務水準，並過渡到你投資事業生涯的現金流量階段。
四、靠你的自動提款機生活。

大多數人沒有致富的原因之一，是他們投資於現金流量，而不是資產（資本）成長。我知道這個訊息和你從別人那裡聽到的非常非常不同，但這是世界各地的富人所做的方式。投資現金流量，是大多數投資人卡在第二層財富的原因。現金流量能讓你過生活，資產成長卻讓你擺脫汲汲營營的生活。你會看到這個主題貫穿本書，我知道有些人難以接受，但結果本身會說話。

現在就來看我的另一個模式：投資的五個層級。

認識投資的五個層級

這些層級與財富金字塔的財富層級不完全相關，但我向你解釋之後，你的投資人層級和財富層級之間的關係會變得更清楚。

請記住，這和你的收入水準無關。

我見過很多人每年賺進數十萬美元，但大部分花在豪奢的生活方式上，以至於未能往財富金字塔更上一層樓。話雖如此，我也見過成功的投資人建立了龐大的房地產投資事業，或擁有可觀的股票投資組合，卻同時做著有些人稱為卑微的日常工作，薪資袋相當微薄。換句話說，他們的工作成了自己選擇去做的事，不是為了作為主要收入來源而非做不可的事。

我在第五章解釋過，如果你想變富有，就必須成為企業主或投資人。事實上，我認識的所有富人都是投資人，所以我們來看看我遇到的五個層級的投資人。

第零層：揮霍者

第零層並不是真正的投資人，他們往往是揮霍者和借款人，結果最後背負了高額債務。他們花掉所賺的一切，甚至更多。一個月都還沒過完，錢就用光了。他們通常靠每個月的薪水、刷信用卡和使用商店積點過活。

他們落在財富金字塔的第零層，這一層投資人為今天而活，手上有點錢就花掉，如果沒錢則會去借。這些人在需要現金時，會去自動提款機提款，並且預支自己的錢來付款，然後支付利息。因此出現財務問題時，他們的解決方法就是花錢或借更多錢來苟延殘喘。

你認識第零層的投資人嗎？有很大一部分的成人屬於這一類，而且除非他們急劇改弦易轍，否則永遠不會富有。

第一層：存款人

不是揮金如土的絕大多數人，通常是我所說的存款人。他們的主要投資是他們的房子，希望終有一天還清貸款。有些時候，他們會存一點錢，像是把繳稅後剩餘的一點錢存起來。但總的來說，他們存錢是為了消費，而不是投資。

存款人往往害怕財務發生問題，而且通常不願承受風險。他們遵循父母和祖父母所遵循的計畫，即找到一份安穩的工作，買房子，還清貸款，並且準備一筆錢供退休生活之用。問題是，存錢，或甚至還清房屋貸款，並不會讓你變富有。

通常會發生的是，他們一輩子努力工作，辛苦存錢或還清房貸，最後只剩不起眼、可能已破舊的老房子。

存款人是我所說的財務文盲。他們需要集中心力，建立穩固的財務和投資技能基礎，藉以壯大自己的財務未來。他們透過自我投資和獲得高品質的財務教育，並且開始建立在這趟旅程同行的同儕網，獲得最大的槓桿作用。

第二層：被動型投資人

第二層投資人已經意識到有必要投資，他們曉得退休金不夠度過退休生活，所以開始學習投資和累積資產。雖然他們普遍是聰明人，卻仍是我所說的財務文盲，他們並不真正理解金錢的規則。但請記住，這不是他們的錯，沒人教過他們，如果有的話，他們的父母教他們的是老式、過時的金錢概念。

第二層投資人傾向於向外部來源或「專家」尋找投資需求的答案，而不是自行負起財務教育的責任。這使得他們很容易成為雜誌上宣傳的最新「快速致富計畫」，或電話推銷員吹捧的最新曇花一現投資策略的獵物。

相反地，他們應該完善自己的財務和投資教育，並且集中心力選擇所要精通的特定財富工具。他們必須忘記從不合格老師那裡所學到的，關於金錢和財富的有瑕疵、不正確和誤導人的教訓。

第三層：主動型投資人

第三層投資人意識到他們必須對自己的財務未來負責，並且主動參與自己的投資決策。他們培養投資策略和技術方面的知識基礎，所以懂得財務。他們開始要錢為他們效力。

這些投資人主動參與投資的管理，並專注於建立自己的財富淨值。他們主要關注的是壯大資產基礎。由於這是投資人投資生涯的資產累積階段，他們通常選擇高成長、低收益的投資，以增加自己的財富。這是住宅型房地產真正能夠發光的地方，也是我所知能安全增加財富的最好資產類別。

第三層投資人常借重業界專業人士網的時間和知識，因為他們曉得無法全部自己來。他們也升級顧問和同儕網，常加入志同道合的人組成的集思會（第四十二章會談更多）。

第四層：專業投資人

非常少數的投資人爬上階梯最高層，成為第四層「專業」投資人，建立並管理真正的投資事業。第四層投資人的房地產投資事業有龐大的資產基礎，產生充分的重複性被動收入，以支應他們的生活費用，而且不論是否真的在工作，投資組合都會不斷成長。

他們受過良好教育、精通財務知識和技巧，面對金錢術語泰然自若，並且了解遊戲的玩法。他們理解財務、稅收和法律的「制度」，也利用它們對自己有利的一面。

這些投資人往往會集中全力在優化他們的房地產表現，同時將風險降到最低。雖然他們仍在累積資產，現在卻對現金流量更感興趣，因為能讓他們更享受生活。

他們不是在花完錢之後才拿剩下的錢去投資，而是有了正確的稅務結構，讓他們能在賺錢的投資機器產生更多現金再進一步投資後，才花用剩下的錢。

他們有財務策略和財務緩衝買到自己的時間，度過經濟和房地產景氣循環的起伏波動。而且他們了解房地產的相關法律，所以不會犯下許多新手投資人的錯誤。

這些專業投資人不會把投資控制權交給他人；他們保有控制權，同時聘用會計師、理財務經紀人、物業經理人、律師和房地產策略師組成的專家團隊，這些人擁有優良的系統，能夠達成可靠和可預測、重複且一致的成果。

這給了第四層投資人自由，選擇要不要早上起床後去上班。許多人仍然繼續工作，因為他們和我一樣樂在其中，但現在是因為他們選擇去工作才工作，而不是因為非工作不可。其他人則發現有時間對社區或慈善機構做出更多貢獻。經濟狀況和房地產景氣循環的階段，似乎都不會影響專業投資人，因為他們不論經濟好壞都能賺錢。

第四層投資人極少會停止自我教育。他們勤於閱讀、仍然參加研討會，並且和一群顧問與導師建立關係。他們準備花錢買堅實的建議，目的不只是增加財富，還要保護資產不受投機心強的家庭成員、訴訟和政府傷害。

你會發現，第四層投資人很少會用個人名義投資。但即使他們「一無所有」，卻能透過公司和信託控制一切。這些投資人控制擁有他們資產的法人實體，享有可觀的合法稅負優惠和資產保護。

關於第四層投資人的最後一點，他們將財務知識傳授給子女，並將家庭財富傳給後代子孫，因為在他們去世之後，他們的公司和信託會持續存在。

資產成長第一，然後是收入階段

獲得財務自由的第一階段是教育自己，下一階段是資產累積，你的任務就像第三層投資人要做的事，即建立夠大的資產基礎，提供燃料給自動提款機。

接著，只有在你的龐大資產基礎壯大時，才能轉變為第四層投資人的現金流量（收入）階段。你當然需要收入（現金流量）來償還你作為第三層投資人時背負的債務，但重點必須放在資產成長，而不是收入成長。

你的財富層級在哪裡？

現在是了解讓人難堪真相的時候了……你已經在財富金字塔爬得多高？目前位於投資人層級的什麼位置？

每個人都從最底層（第零層）開始，但不是每個人都能達到第四層。事實上，到達第四層的人極少。不過一旦你了解為什麼富者愈富，就能爬上那裡了。

記住，評估當前的財富層級和你的收入無關。在你的日常工作上，你可能是「低收入者」，但仍然是第三層投資人，並享有財務保障。同樣的，依勞動所得標準，你可能被認為「富有」，卻仍處於第零層財富，花光賺到的每一塊錢。

但願你能夠理解：你每天工作掙得的薪資和你的財富層級無關，而且實際上是最糟糕的財富預測變數之一。

我遇過很多賺進可觀收入的客戶，卻仍然「兩袋空空」。

我認識的醫生鮑伯，三十五年來，每年賺進數十萬美元。他剛過六十歲，但仍住在租來的房子，開著破舊的老車，而且繼續讓人覺得他在為生活奔波。他每天都到診所看病，到了月底，收入勉強能夠支付帳單（還記得我們討論過的第零層的焦頭爛額嗎？）。

我和他談過這件事許多次。麻煩的是，每當他賺到錢，似乎都花掉了。他不曾留點錢存起來或拿去投資，或甚至作為急用基金。不久前他對我說車壞了，需要大修，他連這種事也覺得有某種程度的財務困難。

像鮑伯這樣年收入可能超過三十萬美元的人，他的故事聽起來也許很怪。但或許你和大多數人一樣，儘管工作了約四十年，一生中賺進數百萬美元，卻少有財務自由。事實上，大多數人退休時僅僅免於破產罷了。

所以，問題其實不是能不能賺進幾百萬美元，而是能留住幾百萬美元嗎？如果你和鮑伯一樣，事實上如果你和許多人一樣，就會發現存錢困難、花錢容易。

我問鮑伯為什麼還在租房子？為什麼他的收入那麼高，卻沒存錢買房子？他告訴我以下的故事。每個新年他都許下心願，對妻子說：「今年我們每個星期都要從收入存下一千美元，以備將來使用。」（也許每個星期一千美元高到你難以想像能從薪資存下來，但沒關係，故事聽下去，你很快會知道我想說的要點。）

他希望把這筆錢存進儲蓄帳戶，存款最後就可以拿去買房子。而當我問為什麼沒買，他說：「生活一直在作梗。」不是有人病了，就是他需要買新電視機，或者車壞了。你曉得那是怎麼一回事，生活總是有意想不到的開銷。

所以他問我：「我該怎麼辦？我能怎麼做？我做錯了什麼？」

我向他解釋，如果他想要存錢，卻沒做出堅定承諾先把錢付給自己，那就行不通。我建議他就按照政府的方式去做。

「什麼意思？」他問。

我解釋說，我們一有收入，政府就會自動預扣所得稅，取走少量的錢。我猜這麼做是因為他們知道，如果一開始不拿走一點錢，將來其他任何時候都很難從我們口袋裡掏出錢來。

因此，鮑伯應該有樣學樣，每當有收入就先預留一小部分事前決定好的薪資。他應該拿出至少一〇％的薪資存進儲蓄帳戶，其他的錢再拿去做別的事。

鮑伯以前聽過這個做法，但很晚才改變舊習慣，開始採用新的方法。你可能很好奇鮑伯多年前聽到這個理論時的想法——「我的薪資的一〇％可以造成多大差異？我到底能從中獲益多少？」

我們都聽過將少量資金存起來以確保未來的力量，那為什麼不是每個人都這樣做？我們都聽說過應該先付錢給自己的觀念，但大多數人都沒照辦。雖然很多人嘗試過，我們都想存點錢以備不時之需，或者想要投資，為什麼不像我們計畫的那樣實現？

我和告訴我同樣事情的許多人談過，不管他們多麼賣力嘗試，就是沒辦法踏出一步。一個月還沒結束，他們就把錢花光光，而且不管賺多少錢，似乎只夠支付帳單和勉強度日。可怕的是，我聽到一年賺四萬五千美元的人和一年賺二十萬美元以上的人有一樣的故事。不妨想想我的朋友鮑伯醫生，一年收入超過三十萬美元，卻仍然入不敷出。

「不可能有那樣的事，」你可能會想：「如果我賺那麼多錢，現在一定很有錢。」但是你會嗎？或者你只是發現有更多錢可以花用？簡單的事實是，因為鮑伯做了大多數人會做的事，他花光所賺的錢和借來的一些錢，而且沒有任何投資，也沒有存錢以備不時之需，所以他從來沒能領先他人。

要在財富金字塔更上一層樓的成功基礎是：

一、**量入為出，以便留點錢**。

二、**將收入化為可產生被動收入的資產**。

由於你能超支的錢沒有上限，所以**管好你的錢是建立財富不可或缺的**。

為了進一步闡述這個主題，我們要來看看我很感興趣且以前寫過多次主題的內容：如何培養富有心態。

第6章 培養富人心態

幾年前，我的兩個孩子硬逼著我問：「爸爸，富人是怎麼變有錢的？和你來往的所有成功商人、創業家及投資人，和一般人的最大差別是什麼？」

由於我擁有龐大的房地產投資組合，以及主持一家公司，協助客戶透過房地產投資變富有，我猜他們希望我說出像這樣的話：「因為他們擁有房地產、股票和企業。」

但我解釋，富人和窮人之間的巨大差異和他們的心態有關。當然他們懂得一些財務知識，有助於他們比大多數人更富有、更快樂、更發達，但根本在於他們的思考方式，這影響了他們的感受方式，進而帶出行動，最後給出結果。

你可能聽很多人說過，「心態」對成功和財富很重要，我的書、部落格和研討會也談過。但是我說的心態和別人說的心態，經常是迴異的兩件事。

心態決定成功

大多數人認為，心態是「抱持正面態度」之類的事。這沒什麼不對，不過**單單正面態度並不會在你的人生產生財富和成功。**

你也不能只是關注想要的東西……不管多賣力。你不能只是「想要致富」。

要知道，當我談到心態，指的是有可能真正變富有的特定信念和態度。這是理論與現實之間的區別。

典型的「富有心態」版本會讓你感覺良好……直到你猛然發現自己沒有比以前更好。我的版本則可以幫助你實現財務自由。

那麼富人和窮人之間的重大區別是什麼？

雖然很多人會說是知識，但正如我剛剛解釋的，我不認為那是對的。他們當然懂得一般人不懂的財務知識，可是單單知識不能保證投資成功。相反地，他們的思考方式（也就是他們的心態）攸關重大。正如有「外部」金錢法則（規範如何賺錢和交易的規則），也有「內在」法則，這些由你對金錢和致富的信念所構成。

二十年來，我指導超過兩千多名學員，並與數百名富翁客戶協同工作，得出的結論是：大多數富人的思路很類似，而且他們的想法和窮人或中產階級大相逕庭。

我也逐漸了解，大多數人對金錢的態度和整體的心態，根本上會阻礙他們爬上更高一層財富。**他們的思維方式是實現財務自由之旅的最大路障**。這表示如果你反映富人的思維方式，重新設定內心的對話，你就會往正確方向前進，實現自己的財務成功。

不要擔心，我不會談形上學的東西，但請敞開心胸，考慮這個建議。這是本書很多內容的基礎，如果你不準備考慮這種思維方式，現在大可就此打住，停止閱讀，並將這本書放回書架，或者如果你已經買了，請送給朋友。你會幫他們一個大忙。

讓你變得富有的不只是你怎麼想，還有你做了什麼（你的行為、採取或選擇不採取的行動）也很重要。有趣的是，你的日常活動有四〇%是習慣，而這表示你每天有四〇%的時間是在自動駕駛。這些習慣（你過生活的方式）是你富有、貧窮或陷入中產階級動彈不得的原因。它們是你住在夢想之家或陋室的原因。

我會更詳細解釋這一點，但現在請對下面這句話敞開心胸：

你的心態決定你的成功層級。

就是那麼簡單，但意味深遠。

事實是：為了改變你的生活，你必須改變思維方式。好消息是，你可以隨時創建新的信念，以支持並真的加快你的成功速度。

請暫停腳步想想這一點，你學到關於金錢和財富創造的大部分內容，可能來自不曾擁有巨額財富的人。此外，你從所謂的「專家」那裡讀到的許多內容，也可能出自沒有可觀財富的人之手。而且你身邊的很多人（給你「金錢」意見的同事、朋友和同儕）本身並不富裕。這表示你現在關於金錢和財富創造的信念系統，完全是根據你從出於好意但「不富裕」的人那裡學到的。

相較之下，你在本書從我這裡學到的東西，是來自「投入其中並放手去做」的人。我這一生已經累積了大量財富，同樣重要的是，我留住了它；此外，這一路上我犯過不成比例的錯，並從中吸取教訓，付出巨額學費。但我沒有因此休息、輕鬆過日子，而是選擇向和你一樣想要致富卻沒有得到正確教育、實現目標的人，分享我的策略和所學。

為了讓你更安心，我所要分享的不少資訊和洞見，都是得自於同儕和導師，他們也非常富有。說到現在，你應該知道我不是只會講理論。因此，如果我在這一部分討論的某些事情，和你目前的信念系統不抵觸或衝突，那就表示有什麼事情錯得很嚴重。我想挑戰你的內心對話，並開始走上重新調整你的心態以取得成功的程序。

如果你想從目前所在的任何位置爬到財富金字塔的頂端，**你就必須像富人一樣思考和行動**，這表示你必須改變自己對財富的思考方式。

決定我們對財富的思考方式是什麼？

我們內心的程式設計，設定了財務溫控器，這進而決定我們在輕鬆自如的情況下渴望和擁有財富層級。

你的財務溫控器設定的層級是多少？

有些人的溫控器設定為數百萬美元，還有人設定數千美元。我敢說你也會同意，一般人的財務溫控器確實設得非常低。

問題是，如果你的財務溫控器設在低層級，那麼你的思維方式和行為方式將使你持續貧困。即使你掌握了所有資訊，也知道為了產生財富需要採取的所有步驟，害怕和懷疑等情緒還是會阻礙你。

我們對金錢的誤解，會對建立財富製造無意識的反應、負面情緒和自我破壞行為。如果有人深信「富人貪得無厭」或者「金錢是萬惡根源」，他們如何能有建立財富的動機？

動機不會很強，對吧？

問題在於我們不知道自己堅持某些信念，而那些信念表現在我們的處境中，所以開車時一腳踩著油門（開向我們的財務目標），另一腳踏著剎車（阻止自己向前，好讓自己待在財務的舒適圈）。

我們都聽說過有人突然有了一大筆錢，例如彩券中獎，卻因為缺乏處理能力，輕而易舉就揮霍掉。這是因為他們的**財務溫控器設定掌控一切，而且通常會確保他們的財富縮減回到他們有能力處理的金額**。

我敢說，如果你把全世界的錢合在一起，平分給每一個人，它很快就會回到之前相同的口袋中。畢竟，人很難留住不是經由個人成長而獲得的東西。這當然表示大多數人永遠不會變富有。他們永遠不會取得真正應得的財富，因為財務溫控器將永遠阻礙他們；在他們還是孩子的時候，財務溫控器就設定在很低的水準。

你的財務溫控器設定在哪裡？

如果你真的想知道自己的財務溫控器設定的層級，我會告訴你。它正好設定在你現在擁有的財富數量。如果它設定得更多，那麼你應該已經擁有它！

現在你可能在想：「雅德尼，那不公平。我不富有是因為我受的教育不多。如果我受到更高教育，就會有更好的工作，並且變富有。」或者：「雅德尼，這不公平。你不曉得我要養兩個孩子和支付學費。」或者：「那不公平，我才二十幾歲，還沒時間去發財。」

我現在大可回答所有這些藉口，但相反地，至少我準備好接納你內心財務溫控器設定在現在擁有財富層級的概念。

我們得承認，不是天生就知道如何「處理金錢」。我們都受到父母、老師、文化宗教和同儕團體的後天影響，這表示我們一般都是由非富人所教導。由於人對金錢的信念和感受很強，他們把我們教得很好。我們發展出強而有力的內在法則，但即使這些信念很強，也可以改變。

我們在孩童時期學到的型態，在理解它們、決定改變它們、然後刻意做必要努力去創造新行為型態之前，是不會被打破的。我們目前的信念是以三種方式創造出來的：根據聽到的事物、根據看到的事物，以及孩童時期經歷的特定事件。

花點時間想想你被教導的金錢知識。只有先承認自己目前心態，才能把它改得更好。

你的父母如何談錢和富人？

如果你的父母喜歡使用這樣的句子：「金錢不會長在樹上」或「金錢是萬惡之源」，也許他們告訴你的是富人貪得無厭和自私，或者金錢不會讓你快樂，或者反正它終究不是那麼重要。聽起來是不是耳熟能詳？

對我們說這些事情的好心人是我們的「財富教育者」，但值得注意的是，他們並不是有富裕心態的財富教育者。如果他們是，肯定不會以那種方式談論金錢！

我們也以父母的行為為模範，學習生活中所有領域如何表現的許多事情。那麼，你的父母在金錢方面的表現如何？是否像我父母一樣為錢爭吵？其中一人是否省吃儉用努力存錢，還是他們都揮霍無度？是否有效管理資金，或者其中一人或兩人愛亂買東西？

有趣的是，在金錢方面，我們之中有多少人最後變得和父母中的一或兩人相似。還有其他人傾向於叛逆，變得和父母恰好相反（就像我一樣），通常是因為他們的童年老是在憤怒和沮喪的感受中掙扎。

你小時候的經歷，也會影響你的心態是怎麼設定的。

不妨想想，金錢代表家庭的快樂幸福，還是引起不愉快的爭吵和緊張的原因？金錢曾被用來代替愛，還是作為賄賂的形式？

對大多數人來說，孩童時期接受的潛意識設定，現在仍然令人感到無力。透過我們看到的、聽到的和經歷的，我們被灌輸限制擁有財富的信念。當時它們看起來非常真實，今天卻已不再適用於我們。

如果你的經歷和我一樣，教你金錢知識的人都出於好意。他們希望你在財務上成功。遺憾的是，由於他們從來沒有被教過金錢如何真正運作，所以能夠傳授的只是自己的信念系統，而這多半是根據稀缺的想法，不是感受（以及變得）真正富有所需的豐饒想法。

對於金錢、財富和富人，最後的結果往往是作用在潛意識層級上許多令人無力的信念。但**這個信念可以是推動你邁向成功的動力，也可以是使你喪失動力的絆腳石**。

為了扭轉人生、變得富有，你必須先認清和承認負面或限制性的財富信念，它們正阻礙你發揮真正的潛力。接著，你必須著手改變它們。

你的信念拖累你了嗎？

有時我們不知道自己是否堅持某些信念，直到它們表現在我們的處境中，也就是我們遭遇的問題和挫折。所以，尋找你生活中的型態吧。

你是否對銀行帳戶餘額似乎從來沒有超過一定金額感到煩惱？你的投資收入或企業是否會週期性地撞牆或到達高原期？即使你明知該做，還是沒留一點錢去投資？

不支持正面信念的金錢觀，可能對財富的建立產生無意識的反應、負面情緒和自我破壞行為。心理學家會說，「認知」是經驗的「投射」，直接反映你的意識。但你可以選擇用不同方式思考，而且現在就做出那個選擇。財富金字塔第四層的人已經學會改變內心的設定。

在你曉得自己對金錢的許多想法和信念來自何處之後，你會接受這樣的看法：你追求獲得財務自由而受阻，錯不完全在你。一旦有這個認知，就有責任重新設定本身的心態和信念系統。這是你欠自己的。

起初你必須先改變對自己的想法。開始把自己看做是富人，在生活上能夠吸引和創造財富。這包括改變根深蒂固的內心對話，或者克服因過去經驗而產生的負面「自我對話」。

接著，你可能需要改變對未來的思考方式。你需要真的相信自己正掌控本身的生活和命運。你需要認可自己是本身命運的飛行員，而不只是隨行的乘客。這表示你的明天將由今天做的決定和採取的行動直接決定。

也許，現在是你檢查當前思考方式以及如何發展成這樣的好時機，毫不隱瞞缺點。

問問自己：「我對金錢相信什麼？」

這可能有點為難，但你需要採取一些措施，走出舒適圈。不要聽從一直在扯你後腿的內心聲音，「過往的你」自然而然會以偏向負面的想法和信念高聲抗議。

這個過程很重要的原因是，儘管現在接觸到本書的所有觀念和概念，你的思維和信念是決定未來成功層級的關鍵因素。你的心態最後會決定你能否爬上財富金字塔的頂端，說到底，你的收入會成長到你所做的程度。

所以，你是誰？你怎麼思考？你的信念、習慣和特質是什麼？對自己有什麼感受？對自己多有信心？有多麼信任別人？是否真的覺得自己值得擁有財富？

買彩券的人不論中獎金額多寡，大多數的中獎者最後還是會回到原來的財務狀態（這是他們自己的能力可輕鬆應對的總額），這也證明了大多數人根本沒有創造和保有大量金錢的內在能力。

另一方面，如果白手起家的富翁因為經營失利或運氣不好而失去金錢，他們通常會立刻全部撈回來（加上利息）。以唐納・川普（Donald Trump）❸為例。他在一九九〇年代初失去一切之前，曾有數十億美元的身價；事實上，他欠銀行一大筆錢，但在短短幾年內不但全部賺回來，還擁有了更多。

為什麼會發生這種事？

這些白手起家的富翁永遠不會失去財富的一個重要因素，就是不管他們在財務上是賺或賠，都保有富翁的心態。

結論是，如果你想變富有，就需要有正確的心態。**基本上，你必須培養「豐饒意識」**。你必須早在實現財務成功之前，心裡就取得它。

修改你心理的「金錢檔案」，是走向財富之路的關鍵第一步。

檢視你對金錢的信念

你對金錢（實際上是對一切）的想法，來自心裡儲存櫃中的「資訊檔案」，這些是由你過去的經驗和設定而被放在那裡的，表示過去的制約決定你當前的想法。那麼你的信念真實無誤嗎？不一定，它們是你對整體人生觀的一個面向，完全根基於你的過去。

但事實上，你的信念會影響你對所有事情的認知；它們過濾迎面而來的一切。問題是，隨著時間推移，你逐漸習慣這些過濾器，甚至忘了擁有它們。一旦發生這種情況，你就會相信自己看待事物的方式，就是事物真實存在的方式。

我們的信念過濾事實

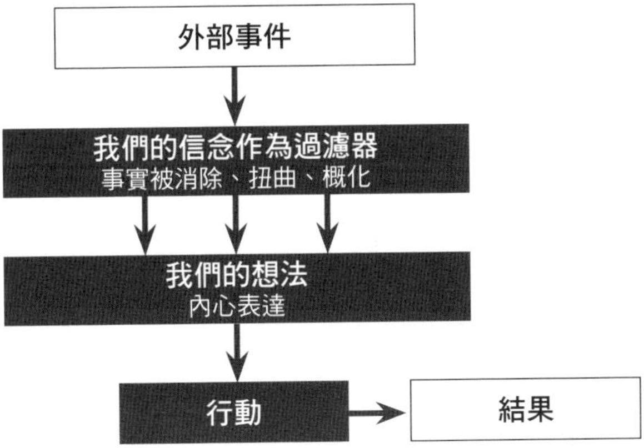

換句話說，你的信念系統是個人的有色眼鏡。每個人都戴著那副眼鏡四處走，根據自己的內在信念過濾器，色調各不相同。這些眼鏡影響人們看待世界的方式，而且經常使得現實在任何時刻變成對他們有意義的任何東西。因此，某個人透過玫瑰色眼鏡看到機會和好運，另一個人卻可能透過陰暗的灰色眼鏡看到前頭的不幸和艱難。

這表示沒人能夠見到真實世界，相反地，**我們以自己所要的方式去看這世界**，透過這副我們忘了一直戴著的有色眼鏡。所以我們對金錢的信念，可以支持或不支持我們的成功。談到我們的成就和快樂，它們可以賦予力量或削弱力量。

因此，我們都帶著心裡的這些檔案四處走，其中保留了各種態度和信念系統，它們支持並幫

❸ 唐納・川普為美國企業家與政治人物，二〇一六年當選美國第四十五任總統。

助我們生存，讓我們取得迄今所實現的成就。

但是也有一些信念或態度，會破壞我們追求創造豐饒的財富和快樂。我們或多或少都有這些想法。遺憾的是，對大多數人來說，我們心裡的一大部分捲入了金錢和財富的混淆訊息中。這混淆訊息的根本問題在於它們傾向於製造好壞不一的結果，這就是為什麼我們當中的一些人會掙扎求生。在內心戲弄我們的混淆中，許多人向前一步、後退兩步，接著是向前兩步，後退一步。

另一個問題是，**大多數人從來沒有檢討自己對金錢和財富的思考方式**——我們放空過日子，不曾質疑孩童時期受大人教養的信念。我們從來不修改人生地圖，以反映自己今天是什麼樣的人，以及明天想成為什麼樣的人。

然而你對金錢的信念，將決定你如何看這個世界，以及在這個世界中的經驗。就像自我實現預言，你對金錢的信念會決定你遇到什麼。如果你相信只有努力工作才有錢，那麼在你想要錢的時候會怎麼做？你會努力工作。這表示你將從努力工作中賺到錢，而這證實了你最初的信念。

我們總是根據自己的主導信念行事（或者不採取行動），這些行動就會產生結果。如果你相信自己缺乏創業的經驗，那麼你永遠不會創業，這表示你將永遠沒有創業的經驗。

看懂這是怎麼運作的嗎？例如，如果你不相信房地產會是很好的投資，那就不會去嘗試，而且可能永遠不會從房地產賺得任何利潤，這表示房地產對你來說不是好投資。

看得出你無意識的內心對話有多強大了嗎？

你是根據心裡的這些檔案行事。當決定要不要做某件事，你的行動會根據那些對你而言有意義（你心裡覺得合乎邏輯）的事。因此，你將根據那些檔案中的資訊做出決策。如果想做的決定和金錢或財富有關，那麼你將深入這些檔案，而你的決定可能會也可能不會支持你，因為它們根據的是目前儲存在你腦中的檔案。

例如，如果我給你機會買一棟有二十戶的公寓大樓，你必須決定是否投資這筆房地產，那麼你的決定將根據什麼？它源自何處？沒錯，來自儲存在你心裡的信念。這真的是你可以依賴的一切。

所以，雖然我可能看到這棟公寓大樓是很棒的投資機會，但你見到的可能是承受風險和賠錢的可能性。根據那種認知，你回應「謝謝，但我不想投資」，對你來說似乎完全符合邏輯。當然，這對我來說不合邏輯，因為我有一組不同的信念。多年來，我的信念已經更新，因為我努力往上爬，成為第四層投資人。

這就是為什麼你現在嚴重受阻於一直儲存到今天的內部檔案。而這就是為什麼為了達到第四層，必須學會以不同方式去思考金錢和財富的原因。

還是不相信嗎？好吧，我們接著看下去。

信念的重要性

據說我們的潛意識占大腦的六分之五。潛意識從不睡覺且控制了每一個身體機能，包括呼吸、血液流動和新陳代謝，不需要任何有意識的指示。它是我們情感和記憶的所在。

我們的大腦不斷受到數百萬位元資訊的轟炸，但在我們的潛意識裡，有一個稱為「網狀活化系統」（Reticular Activating System, RAS）的部分作為資料過濾器。它會過濾掉晚上睡覺時的噪音，卻讓哺乳期的媽媽聽得到寶寶翻動聲。它可以過濾掉你所坐椅子觸碰背部的感覺，但在我提這件事的時候，你注意到那種感覺了。就像你直到現在才注意到呼吸的節奏。

這和致富有什麼關係？

我們的信念指引潛意識去表現我們所想和所相信的事情。如果我們毫無疑問地相信自己將變富有和成功，潛意識就會使它成為現實。

富人和窮人有著截然不同的信念。這些信念是他們富有或貧困的主要促成因素，因為他們的潛意識被設定為允許進入的資料，RAS才允許那些資料進入。有些設定是舊的；經過數百萬年的進化，根深蒂固在我們的大腦中，而且其中有些是藉由父母、環境和自我對話而深植於大腦。

靠「吸引力法則」能致富？

那麼關於信念的所有說法，和勵志世界中經常被引用的吸引力法則（Law of Attraction）有關嗎？

答案是：一點關係都沒有！吸引力法則主張我們的想法有吸引的力量，以及我們想最多的就會成為那個樣子。

「想它，它就會來找你」根本是垃圾！

你不會只是想夠長的時間，錢就一桶桶進你家門；你不會只做自己樂在其中的事情，光是往好處想，財富就會現身。我沒見過任何人坐著想錢，錢就掉在他們頭上。

不，成功和富有的真正祕密（在我看來，甚至不能叫做祕密）是**你不能只想著要有錢；你需要採取行動，並且提供可以為人們增添價值的產品或服務**。

許多勵志演說者略而不提的關鍵要點就是需要採取行動。我的意思是，如果你實際上必須對人生做點事情，這個概念還會那麼吸引人嗎？富人的想法當然和一般人不同，但他們不會只是靠心裡想著就吸引錢上門。這也有賴於他們的行為方式，即他們的行動。

吸引力法則之類的概念或據此所寫的《祕密》（*The Secret*）一書，表示有個祕密存在。它迎合了人們對神奇藥丸（一種特效藥）的渴望。想法當然很重要。有大量證據顯示，你對世界的看法，以及對自己、金錢、家庭關係、健康等方面的態度，都會影響你的經驗。

但你必須採取行動。不妨想想，所有的行動和行為都始於一個想法，而這養成的習慣使得富人有別於窮人。

因此，柯利將在第三部帶你看完他的富習慣計畫，以及他對富人和窮人所做的五年研究結果。這是擲地有聲的內容，依我之見，這使得富裕的生活和不理想的生活截然有別。但是在那之前，我們來談談為什麼我認為大多數人永遠不會致富。

第7章

為什麼大多數人永遠不會致富？

這是個簡單的事實：如果你想變富有，只要看看大多數人在做什麼，然後反其道而行！

正如本書已經說明的，令人無奈的現實是，大多數人永遠不會實現財務自由。他們將在餘生大部分時候繼續為生活奔波，退休後留下的錢比朝九晚五、勞心勞力的那許多年繳給政府的稅還要少。

大多數人永遠不會致富的主要原因在於他們的金錢習慣（一般人對金錢所做的事），這是因為：

一、**他們不是很懂財務，不明白錢是怎麼運作。**

二、**在他們還是孩子的時候，也就是大腦像海綿一樣吸收身邊所有資訊的時期，所接收到關於金錢、財富和富人的相關「設定」**。

事實上，你的大腦根深蒂固地以某種方式去思考、感受和回應不同的想法、事件與目標，包括金錢及財富。**我們不是生來就知道如何「處理」金錢**，而且遺憾的是，我們絕大多數都是以「非富裕」的方式設定的。

好消息是，你可以重新設定。

你每天醒來，大部分時候會重想昨天想過的九〇％事情。這不是很奇妙嗎？你使用相同的言辭、執行相同的動作，而且經常一而再、再而三做同樣的事。

但我敢說，你正期望得到新的結果。現在那被稱為「精神錯亂」！

你是照著設定思考嗎？

問題是，我們從錯誤中學到的比從成功中學到的要多，但是以錯誤的方式學習，而不是以正面的方式學習。這可能和我們原始的穴居人時期有關，當時我們身邊充滿危險。如果劍齒虎咆哮的時候沒逃跑，你就死定了。

這和今天有什麼關係？

我們傾向於記住壞經驗，而且經常允許負面經驗引導我們所做的事情，遠遠超過由正面經驗的引導。正因如此，大多數人以極力避免冒險的方式撫養孩子。他們教孩子學習不錯的、安全的策略。你的父母可能就是用這樣的方式養育你：上學、取得好成績、不要製造麻煩、上大學、找一份安穩的工作、結婚、維持婚姻和諧、生孩子、還清房屋貸款和繳稅。換句話說，循規蹈矩，做別人期望你做的事。

這樣的方式比較安全，不是嗎？

父母這麼教你是因為他們愛你，希望你過最好的生活。他們真的相信，遠離潛在的危險行為是讓你安全的最佳方式。他們可能是從祖父母那裡學到這些同樣老式和過時的規則，因為祖父母也以同樣方式養育他們，而且祖父母可能是在經濟大蕭條、資金稀缺時期學到這些規則的。當時大多數人不會拿錢去冒險，因為手頭上的錢少之又少（如果有的話）。

好消息是，如果你依循他們的建議，你將獲得和大多數人一樣的普通結果，而如果幸運的話，你會躋身進入「中產階級」。

壞消息是，你會一直待在中產階級。或許你擁有許多人相信是美好、安全和有保障的生活，但你將一輩子為錢努力工作，大部分所得拿去繳稅，然後退休；但也許不是你希望的那麼快。你的退休金只能給你勉強能溫飽的收入；你會住在日益老舊的小房子裡，而且如果真的幸運，可能（在支付生活費用之後）有夠多的錢留下來享受人生的一些小樂趣。

這樣的情境有什麼問題？

問題很大！但顯而易見的是，你將被困在四十多年為錢努力工作的日子裡，然後退休，過著平凡無奇的生活。

唯一要害怕的是害怕本身

生而為人，很大一部分是人性。生而為人，表示有情緒。我們都會感到害怕、悲傷、憤怒、愛、恨、失望和喜樂，而讓我們每個人與眾不同的就是如何回應這些情緒。

我發現，橫梗在大多數人財務獨立路上最大的障礙之一是「害怕」。

事實是，談到拿錢去冒險，我們都有過害怕的經驗，即使最成功的人也一樣。不同之處在於我們如何處理那種害怕。對許多人來說，那種害怕的情緒產生了這樣的想法：不要冒險，以策安全；同樣害怕賠錢的其他人卻是這麼想：「學會管理風險，以智取勝。」

有趣的是，情緒相同但思維過程不同，導致不同的結果。而問題在於你不是天生就害怕錢。你的父母和我們的社會都教你學習擔驚受怕。他們教你要小心謹慎，教你不要冒險，教你「安全至上」，只要謀得安穩的好工作、賺取安穩的好收入和尋求保障就好。

他們教你不要爬山，留在安全的山谷裡。你到處都看到「安全」這個詞。不妨想想：「社會安全部」（Department of Social Security）這個名字真的讓你感到安全嗎？

對大多數人來說，安全只是幻覺，是個神話。這一生沒有安全，只有程度不同的風險。

在我們談論安全時，人們到底在害怕什麼？許多人害怕失敗。但你是否曾真的停下腳步思考：失敗真有這麼糟？

有些人在失敗時感到內疚，有些人則覺得羞辱。這往往得回溯到你的童年，每當你犯錯，老師都會讓你感覺不好受。我們有些人是好學生，有些人則不是那麼好。許多人在學校的經驗是，當我們犯錯時，其他孩子或老師會羞辱我們，所以我們學會不提問、不向前走、不嘗試爬山，以免讓自己尷尬。

為了攀登財務獨立的山峰，你必須克服一些害怕。好消息是，一旦克服害怕，成功就在眼前。當然還是會有小小的挫折（爬向山頂的路會有一些危險，但不要把它們視為失敗），這只是在成功的路上暫時往回走。

害怕會使你賠錢

富人和窮人的一大差別在於他們如何處理害怕賠錢。事實上，擔心賠錢是大多數人不投資或選擇表現欠佳投資的最大原因之一。

這麼多人認為投資風險高的其中一個原因，是因為別有居心的人引導群眾相信這件事而感到害怕，這並非巧合。事實上，整個理財規畫這一行就是把投資金錢建立在害怕之上。我知道，說到這個一定會得罪一些人，但大多數人找理財規畫師擬定的計畫，最後會讓他們變窮。大多數理財規畫師建議你定期撥出一筆錢，投資共同（管理式）基金，隨著時間推移，便有了一筆養老金，然後在六十五歲退休，靠著比退休前的收入要少的錢過活。

你能明白為什麼我說大多數人都在計畫變窮嗎？

他們毫無疑問地接受，等到他們退休，收入一定會減少。換句話說，他們計畫終生辛勞，一旦停止工作就變得更窮。

他們會說這樣的話：「退休後不需要太多錢，因為已經還清房屋貸款，生活費也會減低。」但誰想要退休後的生活過得比今天還糟糕？

雖然你的抵押貸款支出可能減少，但或許會發現健康和醫療費用增加，而且旅行和休閒支出也可能增多。終生辛勞以求實現的生活，為什麼一退休會滿足於比那更差的日子？

雖然大多數的理財規畫師告訴客戶要擺脫債務，但是在財務上獨立的人，會運用債務來產生對自己有利的結果，並且創造一個遠比他們朝九晚五工作時更好的生活方式。

事實上，當你試著擺脫債務時，他們用你的錢反而使債務陷得更深。他們用你（從銀行借來）的錢，去買投資產品和賺更多的錢。

你所不知的理財規畫師

因為我們在學校時沒有學到如何處理財務，我能理解為什麼有那麼多人會去諮詢「領有執照」的理財規畫師，為他們的退休計畫或財富創造提供建議。他們認為，由於這些理財顧問領有執照，他們一定是訓練有素的金錢專家，在某種程度上可以信任。

然而在許多情況下，財務服務業是從人們對金錢的無知中獲利。

我問一個問題：你認為有執照的理財顧問必須先是成功的投資人嗎？答案為「不」。要成為理財顧問，並從事理財規畫這一行，你必須學習金融產品，還要了解相關的官僚文書作業。

當你曉得這個國家大多數的理財規畫公司都是由銀行或保險公司擁有或控制，就會明白為什麼大多數理財規畫師都偏向於出售管理式基金。這是因為他們建議你買管理式基金或保險產品會有佣金收入，而如果規畫師建議你買個股或房地產交易，通常不會有收入，所以他們很少建議直接持有房地產或股票。

請不要誤會我的意思，大多數理財規畫師的出發點都是良善的，會指引客戶採用傳統的儲蓄和投資策略，而這是不錯的做法，但你只能得到乏善可陳的一般成果。

當然，還是有一些出色的理財規畫師，我們的公司就有一些，而且柯利確實是擅長投資的理財規畫師。問題是你必須用心尋找，才能找到精通投資的理財規畫師。

而這是你邁向財務成功的另一個風險。

當心專家

看來，我們已經成為充滿「專家」的國度。只要看看你的收件匣或打開電視，他們就在那裡：

- 不曾經營企業，更不用說曾經治理國家的政治專家。
- 即使不能從球場的一邊跑到另一邊，也稱做足球專家。
- 不會唱歌或跳舞的名流專家。
- 每當房地產市場蓬勃發展，就會有一大堆新一代的「房地產專家」冒出。

是的，我們被所謂的專家包圍著。他們有滿滿的意見，卻少有專業知識。你知道他們表達的意見嗎？這些意見就像肚臍，每個人都有，但大致上沒用處。

還要小心一件事：你可能有心懷好意的朋友和家人，他們都有覺得你需要注意的不同意見。這些「紙上談兵的專家」在追求財務自由方面可能不會比你懂，但他們仍期望你聽聽他們的智慧之言。聽起來很熟悉吧？

這些好心的朋友除了開立儲蓄帳戶，可能不曾真的在資金管理方面做過其他任何事。可是有那麼多人願意接受這些非投資人的投資建議，一直讓我驚異不已。這些人會信誓旦旦地表示，親朋好友或同事熱情談論的最新狂熱肯定是對的，並且不假思索就一頭栽進。

另一方面，我們想要和你分享的資訊是富人的習慣（他們知道什麼、思考什麼和做什麼），你會發現，這和一般人的想法與做法有很大不同。

為求簡單，我們來看看大多數人不會致富的九個原因：

一、不曾非常明確地決定和真正定義財富對他們的意義

問題在於，一般人是在不富裕的家庭中長大成人。他們上學、和不富裕的人交往；他們和不富裕的人共事；他們的朋友不富裕。所以，大多數人不曾決定要變富有。他們沒有想過這件事，因為沒有富人作為模範。

這當然就是為什麼在雙親富裕的家庭長大的人成年後，遠比在父母貧窮的家庭長大者更有可能富裕的原因。**除非你決定富有對你真正的意義，除非制訂致富計畫，否則無法富有。**

二、大多數人太懶，以致無法致富

問一個人是否想要致富，幾乎肯定會說「是」。但當你更深入了解，就會發現他們並沒有準備做致富需要做的事。他們當然已經準備好要買彩券，卻沒準備辛勤工作、犧牲、研究和投入心力來變富有。

我將在後面章節更詳細討論這一點，包括他們的成功習慣，但我認為應該在這裡及早提醒你，致富不會那麼輕易且快速來到。

選擇任何你想要變富有、想要仿效的模範，你會發現，無論他們在哪個行業，都很賣力去實現目標。不管是發明 Google 或 Facebook 的電腦天才，還是你在電視上看到的流行歌手，雖然他們今天看起來日子可能過得很好，但在旅程之初都非常賣力。

如果你想致富，那就得做他們做的事。他們專心致志，雄心勃勃，不是坐在沙發上等財富上門。你也不應該那樣。簡單地說，**你必須努力工作，才能有錢到不必努力工作**。

三、不準備付出代價

絕大多數人無法延遲獲得滿足（我將在第十章更詳細說明）。他們覺得必須花掉賺到手的每一塊錢，以及能夠借到或用信用卡買到的任何東西。

如果你不能延遲獲得滿足，以及花得比賺得少、把差額存起來並拿去投資，你就無法變富有。華倫·巴菲特（Warren Buffett）說過：「財富就是把錢從沒耐性的人手裡，轉移到有耐性的人手裡。」

四、大多數人等太久才開始

大多數人迫不及待想要成功，卻願意去等待開步走上財務成功之路。

雖然知道應該投資以確保未來的財務，但他們要等待一切都「完美」才起步。他們等待景氣循環中的正確時間、正確的房地產、正確的股票、正確的經濟環境或正確的利率，這一切表示永遠不會起步。

等待開始的時間愈長，你就愈久才能獲得想要的金錢、成功和自由。這需要時間去擴大真正的財富。**複利的力量需要時間才能發揮魔法**。

你需要了解時機永遠不會完美，也不可能獲得你想要的所有資訊。你必須培養信心，只根據夠多的知識去做投資決策，並且曉得你將在這一路上學得其餘的知識。

五、害怕的心態阻止他們前進

害怕使許多人無法得到想要的，尤其在金錢方面。不要自欺欺人，數一數害怕有多少次阻止了你採取行動，並在這個過程中讓你錯失財務機會。

富人已經學會駕馭他們的害怕心理，而不是專注於負面結果。他們利用害怕的心理，強迫自己採取正面的行動。例如，他們利用害怕餘生困在工作之中，缺乏渴望的財務獨立，於是激勵自己下定決心要投資。

就像河流，害怕是可以搭橋跨過去的。害怕之河有多深和多寬，是你所認定的。一旦越過那條害怕之河，並在另一邊經歷成功，你通常會回頭思考，不懂當初為什麼害怕。

但是這裡面有個難處：真正懂得這一點的，是已經過河站在另一邊的人。**金錢和成功是活在害怕的另一邊**。

六、等到他們懂得夠多

還有人因為害怕懂得不夠多，結果卻步不前，不敢開始投資。然而諷刺的是，你學得愈多，愈是知道自己懂得不夠多！一旦開始學習一些基本投資概念，你會突然發現，投資或房地產有很多你不了解的事情。

這就是知識的悖論：學然後知不足。

這裡的陷阱是，許多投資人認為逃脫這個悖論的方法就是學習更多，所以他們讀更多的書、參加更多研討會、收聽播客（podcast）和觀看DVD。

隨著他們了解更多，進一步發現還有一堆不知道的事情。

逃脫陷阱的方法是認清這點：雖然你不是什麼都懂，也永遠不會懂得一切，但你確實知道得夠多而開始投資。當你在現實世界應用你的知識，過程中經歷錯誤和挑戰而存活下來，你將學到更多。

七、關注線性收入而不是被動收入

重要的是去了解，並非所有收入都是用相同方式產生的，有些收入流是線性的，有些是被動的（正如之前所解釋的）。

線性收入是你從工作上獲得的收入。你工作一個小時，就會因為那個小時的工作領得一次工資，就這麼簡單。如果你沒到班，就領不到報酬。

被動收入是指你工作一次，卻一而再、再而三地從你不再去做的工作中獲得報酬。變富有的方式是：不管你是否工作，都有被動收入。

你工作的每一個小時都能領得幾百次的錢，這不是很好嗎？

投資人就是這樣。起初他們長時間工作，存錢買一些股票或投資房地產。現在他們的錢開始為他們效力，並且繼續以資本成長和報酬的形式，「被動地」給他們穩健的投資報酬。富人知道，與其找另一份工作，他們只需要把錢送出去為自己效力就行了。

簡單地說：「如果你在睡覺時沒有賺到錢，你就永遠不會富有。」

八、把責任交給別人（專家），而不是自己承擔

把你的財務責任交給別人，其實是另一種偷懶的形式。「我會把那件事交給別人，他們會替我顧好它。」這樣說並不夠好。

在你做任何類型的投資之前，都必須對即將著手的事情有所了解。只要你不把「了解」這件事外包，將流程外包是可以的。你仍然需要了解實際發生的事。你需要了解即將承受的風險和即將享有的報酬。

九、一面對挑戰就放棄

未來的路上總是會遇到挑戰，所以要去適應，但是經歷挑戰能使人變富有，放棄則不會有成果。假使你願意面對沿途的挑戰，才能到達你想去的地方；挑戰只是讓你穿上工作服的機會。

所以，其實很簡單，如果你決定去做富人所做的九件事，那麼成功和富有的可能性就高得多；要是不去做，你就和大多數人一樣，可能永遠不會富有。

下一章將概述富人的三十九種不同的思考方式，進一步說明這個主題，如此你就可以開始像他們那樣思考和實現相同的成果。

第8章 三十九種與眾不同的富思維

拿破崙．希爾（Napoleon Hill）寫了一本名為《思考致富》（*Think and Grow Rich*）的經典之作，雖然出版於幾近一百年前，你會發現幾乎每位成功投資人的書架上都有這本書。這本書之所以稱為《思考致富》而不是《謀職工作致富》，是有好理由的。這是因為富人的思考方式和大多數人不同，而那些努力工作的人最後並沒有致富。

在我看來，你的財富層級（你有多富有）是衡量你心態的最好方法。除了暫時挫敗以及因繼承或運氣而得到巨額財富，如果你想知道人們對於金錢的想法，看看他們的銀行帳戶就知道。

這可能就是為什麼人和金錢的關係連繫著那麼多的情緒和精神官能症。我想這就是為什麼我聽說若要解決金錢問題，那就先去檢查一下自己的腦袋。

你被舊有信念束縛了嗎？

十年來，我指導超過兩千人，學到的一個重要教訓就是：致富受到的最大限制之一是根深蒂固的信念，認為有錢是錯的，而擁有大量金錢的人本質上是壞的、不誠實或自私。

這些信念當然不真確，而且可以回溯到童年早期的制約，因為其他人（你的父母）渴望合理化他們自身財務失敗的事實。

其實，錢是好的。

興建醫院、教堂和住家需要用到錢。你需要錢去買房子、汽車、衣服、食物、度假，以及生活中的所有美好體驗。賺取金錢不是把錢從別人手中奪走。財富傾向於流向那些能以最具生產力的方式生產有價值產品和服務的人，以及能夠投資它以創造有利於他人就業和機會的人。同時，財富會從用得不好或者以缺乏生產力的方式支出的人手中流出。

你曾聽過「水往低處流」這句話，對吧？幸好，或者不幸的是（取決於你在財富金字塔的層級），金錢也是如此。金錢會在你所在的地方與你相遇。

我前面提過，但因為這是本書最重要的訊息之一，所以再次提醒：

你的想法帶來感受，你的感受帶來行動，你的行動帶來結果。

換句話說，你的內在世界（想法和感受）直接影響你的外在世界（帶來你所獲得成果的行動和習慣）。所以，不要低估這個原則的力量。我第一次讀到快要一個世紀前出版的一本書（華萊士．華特斯的《賺錢的科學練習》），就是這樣低估了，但一了解這個原則的力量，它便成了加快我成功的關鍵。

當然，此後有很多書都寫到了這個概念，最近更因哈福．艾克（T. Harv Eccer）寫的

《有錢人想的和你不一樣》（*Secrets of the Millionaire Mind*），還有史蒂夫．席博德（Steve Siebold）寫的《富人與眾不同的一百種思考方式》（*100 Ways the Rich Think Differently*）而流行起來（兩本書都在我的推薦閱讀清單上）。

因此，我將在本章概述富人不同於一般人的三十九種思考方式，因為這決定了他們的富習慣，使得他們的行動不同於大多數人。請記住，如果你想要變富有，就必須研究大多數人（窮人）的行為，然後做相反的事。

請記住，我使用「富人」和「窮人」這些辭彙並沒有冒犯的意思，而且不是在做價值判斷，這只是用來對比表達兩種非常不同的思考方式。所以，我們來看看產生財富的思維和貧窮思維之間的差別。

首先，下頁的表格總結了富人與眾不同的許多思考方式。這張表應該已經告訴你，窮人對目前的收入發展出狹隘的思維，並且調整他們的生活以適應自身財務狀況。這點表現在他們穿的衣服、開的車以及光顧的餐廳上。這都與他們如何思考有關。

該是建立新信念的時候

你有多常發現自己落在這個表格的左欄，以及你可以如何更像右欄的人？而且，同樣重要的是，這會如何影響你的習慣和行為？

不管是什麼使你走到今天的位置，都不會讓你更進一步走下去，這就是為什麼你需要學

	一般人	富人
1	想著如何花掉錢。	想著如何拿錢去投資。
2	擔心錢花光。	想著如何用他們的錢去賺更多的錢。
3	相信辛勤工作會使你富有。	相信舉債運用槓桿會創造財富。
4	相信有工作能得到生活保障。	不相信有「工作保障」這回事。
5	相信工作是為了錢。	認為工作是為了滿足。
6	空想要致富。	身體力行，致力於致富。
7	財務期望設定得低，所以永遠不會失望。	財務期望設定得高，所以他們總是很興奮。
8	只看到路上的障礙。	看到的是身邊的機會。
9	相信命中注定——他們是乘客。	相信他們創造本身的命運——他們是自己人生的領航員。
10	相信金錢會使他們更快樂。	曉得金錢和快樂無關，但確實會使人生過得更輕鬆、更愉快。
11	相信他們不配擁有財富。	相信富有是他們該得的。
12	相信富人運氣好。	曉得運氣和富有無關。
13	厭惡成功和有錢的人。	讚賞其他富有和成功的人。
14	帶著情緒想錢的事。	以理性思考錢的事。
15	認為一小群人（1%）擁有大部分的錢是錯的。	歡迎絕大數人（99%）加入他們的行列。
16	認為富人虛偽不實。	認為富人雄心勃勃。
17	認為金錢是萬惡之源。	認為貧窮是萬惡之源。
18	相信金錢會使人改變。	相信金錢會使人現出原形。
19	相信如果變富有就會失去朋友。	相信富有會擴大人脈。
20	認為他們沒有能力捐贈公益慈善活動。	認為他們必須樂善好施。

	一般人	富人
21	認為魚與熊掌不可兼得。	認為魚與熊掌可以兼得。
22	相信他們必須在美好的家庭生活與貧窮或愛與貧窮之間做選擇。	知道他們可以擁有一切——這不是二選一的問題。
23	視金錢為有限的資源。	視金錢為無限的資源。
24	夢想有足夠的錢過退休生活。	夢想有足夠的錢留給子孫。
25	小處著想。	大處著想。
26	相信他們必須單打獨鬥，建立財富。	曉得如果他們是團隊中最聰明的人，那麻煩可大了。
27	相信他們的想法和自己的財富淨值無關。	曉得他們的心態攸關得到的成果。
28	認為必須受過教育和擁有聰明才能致富。	曉得智商和致富無關。
29	相信必須有錢才能賺錢。	曉得你可以利用別人的錢致富。
30	相信富人應該資助窮人。	相信自力更生。
31	以身作則教導子女。	有趣的是，富人做同樣的事。
32	將自己束手縛腳的金錢信念傳給子女。	將賦予他們力量的金錢信念傳給子女。
33	教導子女如何生存。	教導子女如何變富有。
34	對子女低估金錢的重要性。	教導子女金錢的重要性。
35	教導子女知足常樂。	教導子女追求遠大的夢想。
36	不相信個人能夠成長。	曉得他們的個人財富不會成長得比個人成長還快。
37	認為踏出校門，教育就結束了，所以寧可享樂，不再接受教育。	持續學習和成長。
38	思想短淺。	高瞻遠矚。
39	覺得受到改變的威脅。	擁抱改變。

會以不同的方式思考。這是富人不斷閱讀和學習的原因之一。

在我的研討會上，我經常問學員小時候在金錢方面被教了什麼，條列出來的通常如下：

- 錢不會長在樹上。
- 骯髒的富人，不潔的金錢。
- 我們不配有錢。
- 不可能有了錢還心性善良。
- 富人貪得無厭。
- 必須努力工作才能有錢。
- 不應該談錢或炫耀財富。

請記住，我們是在還沒有想法去決定它們是對或錯的童年時期被告知這些事，許多人卻將這些迷思帶到成年。但是今天它們毫無意義。

為什麼不瀏覽前述表格的三十九種思考方式，看看有哪些撥動你的心弦？你當然可以添加我所漏掉任何與你有關的內容，然後設法了解為何你堅持這些信念。它們還有意義嗎？

現在是擺脫你可以質疑或者曉得是無稽之談的任何說法的時候。現在是捨棄根本不真實、阻礙你遲滯不前，以及阻止你變富有的任何東西的時候。更重要的是，現在是用一些給你力量的新信念取代它們的時候。為什麼不寫下新的清單：

- **我值得擁有財富。**
- **對我來說，有錢是沒問題的。**
- **我會變得富有。**

事實上，盡量選擇前述表中右欄的許多（如果不是全部的話）信念，使它們成為你的新金錢信念。

我們首先要談：富人是否貪得無厭？

富人真的貪得無厭嗎？

許多人認為富人都很貪婪。這不是真的。有些富人的確貪婪，就像一些窮人那樣。但是和我交往的大多數富人都明白捐贈的重要性，因為社會會變得更美好。

依我之見，在你創造財富之後，你便有責任回饋社會，有捨才有得，回饋是致富的必要步驟。甚至在富有之前，你就應該樂善好施。為什麼？因為牛頓定律說：「每一個動作都有反應。」如果你貪婪，人們會以其人之道還治其人之身。你必須把錢給出去才會得回來。記住：**有捨才有得**。

接著要談……

金錢買不到快樂！

這也錯了！我的共同作者柯利花了五年時間，研究富人和窮人的日常習慣，發現：

- 八二％的富人感到快樂，九八％的窮人不快樂。
- 八七％的富人覺得婚姻幸福，五三％的窮人不幸福。
- 九三％的富人感到快樂，是因為他們喜歡或熱愛賴以維生所做的事，而八五％的窮人不快樂。
- ○％的富人因為財務狀況而快樂，九八％的窮人不快樂。

柯利也發現，**金錢問題會對你的生活造成連鎖效應**。它們可以造成整體的不快樂感，而且可能製造婚姻壓力，使雙方在婚姻中感到不幸福。更糟的是，這種壓力會導致健康問題，進而對子女的生活產生負面影響。

另一方面，柯利發現，有錢創造出整體的快樂感，改善你的婚姻關係，消除和金錢問題有關的壓力（這可以改善你的整體健康狀況），父母也因此能給孩子優質教育，奠定人生成功的基礎。

如果你為人父母，那麼我相信你會同意，子女的人生順遂，你會感到快樂；如果掙扎求生，你會不快樂。因此，當窮人說「錢買不到快樂」，他們錯了。這就和他們所想及所說的其他許多讓人喪失力量的信念一樣。

富裕能提高你在生活中許多領域的快樂感。柯利的研究發現，富有和貧困對你生活的所有層面都會產生骨牌效應，所以如果改善生活中的財務狀況，就會提高其他層面的快樂。如果想提高生活中的整體快樂感，你就必須結束貧困。

然而……

要有更多錢，你必須有更多錢

這不只是智慧之語，更是明智的事實，對某些人來說是不爭的現實。

記得早年的導師吉姆．羅恩（Jim Rohn）[4]說過：「如果你不喜歡現狀，那就改變它。你不是一棵樹。」

他也說，**變富有起於感恩的態度**。這就是為什麼我要你盤點已擁有的所有美好財富。來吧，問問自己：「我的生活中有什麼要感激的？」請用幾分鐘寫下來。

現在，如果你向世界各地的大多數人展示這份清單，他們會說你富有。

瞧，財富是情境和觀點的問題，最後會產生一種感受。感謝你擁有的一切，你會立刻覺得富有。

這就是訣竅，一旦你覺得富有，就會表現得富有，而這將吸引更多的財富投向你。

[4] 吉姆．羅恩是美國知名哲學家、勵志作家及演說家、企業領袖。

相信自己能夠富有且值得富有的人，就是會富有的人，因為他們會採取相應的行動。人們變富有是因為他們決定變富有，因為他們像富人一樣思考。他們始終採取必要的行動，將信念化為現實。

這就是為什麼我現在要你決定你值得富有的原因。這將是你邁向更富裕的第一步。

畢竟，處境比你困難、面臨的障礙和限制遠大於你的人已經成為巨富，所以為什麼你不能？出身寒微，或者不如你聰明，或者童年更困苦或沒人扶養的人，已經賺得巨額財富，所以你也可以！

如果你認為你能，你就會做到。**你的態度決定你的命運。**

除了對活著更感激之外，還有許多富人採用的其他成功習慣可以學習。我們將在下一章找到它們是什麼，好嗎？

第9章 富人的成功習慣

遺憾的是，我們生活其中的社會教我們金錢等於成功。金錢和其他許多事情一樣，是一種工具。這當然不是壞事，但它終究只是另一種資源。可惜，太多人崇拜它了。

三十多年前，我開始研究富人和成功人士時並不了解這一點。當然，最後我曉得並不是所有的富人都成功，以及不是所有的成功人士都富有；但不要忘了，我當時比較年輕和天真，什麼都想要。

所以，我試著了解為什麼有些人富有、而其他人在財務上苦苦掙扎。多年來，我參加許多研討會、付費請教導師，並且盡我所能看許多談成功的書籍。我仿效成功人士，最後自己也成功了。

這不容易，我的人生中有自己的挑戰（主要是自找的），而且曾經掉到谷底，但我再次站起來，從錯誤中汲取教訓，並向前邁進。

多年來，尤其是過去十年，我指導超過兩千名成功（有些一開始不是那麼成功）的投資人、企業人士和創業家，他們學到了……

富裕和金錢本身沒什麼關係

相反地，這和你對金錢的想法有很大關係。這表示如果**你想變富有，第一步就是知道富人對金錢的想法和你有何不同，然後開始像他們一樣思考。下一步則是採取行動，藉著思考富人的做法及培養我們所說的富習慣，讓行動變得自然**。柯利會在接下來的章節中概述什麼是富習慣。

總之，就像柯利在他的研究中所做的，我也發現富人有相似的習慣，正如窮人有著相似的習慣。正如我解釋過的，當我說「富人」或「窮人」，並不是在做判斷，我用這些辭彙來協助釐清一%的人展現不同於大多數人的思維方式。

雖然柯利將根據他對富人和窮人的五年研究，在本書稍後章節詳細解釋其中許多內容，但我想先和你分享簡要的內容。

成功者的六十六個富習慣

一、一般人想的是把錢花掉，**富人想的是如何投資**。

二、窮人擔心錢用光，**富人想的是如何用他們的錢去賺更多的錢**。他們不怕舉債，認為利用他人的錢為槓桿去賺更多錢，是財富成長最快的方式之一。你可以在我談投資的其他書中，了解如何利用他人資金為槓桿的事。這些書可以在 www.MichaelYardneyBooks.com.au

找到。

三、大多數人認為，努力工作會讓你變富有，**富人卻知道善用槓桿創造財富**。

四、**成功人士做事不會拖延**。他們不會一輩子等著「正確的時間」，或者等到他們知道一切，或者把一切事情弄清楚才行動。

五、一般人相信有工作能給他們安全保障。**富人知道沒有「工作保障」那回事**。

六、大多數人空想要富有。**富人則身體力行，致力於富有**，兩者是非常不同的事。

七、**事情出錯時，富人會從中汲取教訓**，其他人則只看到問題。

八、窮人將他們的財務期望設得很低，所以永遠不會失望。另一方面，**富人把財務期望設得很高**，所以總是很興奮。

九、**成功人士甘冒計算過的風險**，包括財務、情感、專業和心理。然而一旦建立了財富，就會減低承受風險。

十、**富人刻意且有條不紊地創造自己的成功**，其他人則期待成功找上他們。

十一、**富人留意並尋找其他人視為障礙的機會**。

十二、窮人和中產階級相信命中注定，他們是人生旅程中的乘客。**富人則相信他們創造自己的命運**，他們是人生的領航員。

十三、**富有且成功的人與志同道合的人打成一片**，他們了解作為團隊一員的重要性。他們創造雙贏的關係。

十四、窮人相信金錢會使他們更快樂，而**富人知道金錢和快樂沒什麼關係，但它確實使**

生活過得更輕鬆、更愉快。

十五、**富人不會怪東怪西（那有什麼用？）**，他們對自己的行動和結果（或者沒有結果）負責。他們曉得沒有富有的受害人那回事。

十六、窮人認為一小群人（一%）擁有大部分的錢是錯的，**富人則歡迎一大群人（九九%）加入他們**。

十七、**成功人士不見得比大多數人更有才華，但他們總是設法極大化自己的潛力**。他們從自己身上得到更多，有效地使用他們擁有的東西。

十八、窮人相信，為了獲得某些東西，必須犧牲別的東西；你必須在美好的家庭生活與貧窮或是愛與貧窮之間做選擇，不能兩者兼得。**富人相信，如果有富足的心態，他們可以擁有一切**。

十九、**成功人士專注於尋找解決方案**，而不是尋找問題或障礙。

二十、**成功人士像其他人一樣會害怕，但不受害怕控制或限制**。他們利用害怕來給自己力量。

二十一、**富人起得早**。他們知道沒有捷徑，所以努力工作，直到累積夠大的資產基礎，好讓他們不用再努力工作。

二十二、**富人問正確的問題**，這些問題使他們處於具有生產力、創造力的心態和正面的情緒狀態。他們明白，問的問題愈好，得到的答案愈好，獲得的結果也愈好。

二十三、**富人很清楚並確定人生中想要（以及不想要）的東西**。他們實際上是設想和規畫自己的未來，其他人則只是人生的觀眾。

二十四、窮人相信富人運氣好，**富人卻認為運氣和成功無關**。窮人等待樂透彩號碼開獎，富人卻不期待幸運女神眷顧，相反地，他們積極追求自己的夢想。

二十五、中產階級相信致富之路需要透過大學學位或碩士學位等正規教育，但你會發現許多富人並沒有讀完高中。**他們偏愛所在行業的特定知識甚於正規教育**。他們學會成為工作上的專家，讓自己更有價值。

二十六、**富人是渴求知識的終身學習者**。他們不斷努力教育自己，有時是正規和學術上的；但更常見的是非正式的詢問、觀察、閱讀或聆聽，也透過動手做、嘗試、失敗和再次嘗試做實驗。順便說一句……我談的不是正規的教育。

二十七、富人通常很有錢，因為**他們出售學得的特定知識來賺錢**。

二十八、**富有和成功人士個性樂觀，但仍然切合實際和腳踏實地**。他們能在身邊的一切事物中找到好的一面，而不是專挑缺點、問題或絆腳石。

二十九、換句話說……窮人只看到路上的障礙，**富人則專注於身邊的所有機會**。

三十、雖然許多人愛好享樂，不惜一切代價遠離痛苦和不適，**富人卻明白經歷其他大多數人避之唯恐不及的事物，會有它的價值和好處**。

三十一、窮人認為富人自私自利。**富人認為他們有義務賺更多的錢，才能做出更多的貢獻**，部分是為了樹立好榜樣，但更重要的是，捐贈給慈善機構和幫助他們的社區。他們知道，如果不照顧好自己，將無法幫助他人。

三十二、窮人認為他們不配擁有財富，**富人則相信他們理所當然富裕**。

三十三、**富有和成功的人適應力強，接納變化**。他們安於擁抱不熟悉的新事物，而我們大多數人是舒適和習慣的產物。

三十四、窮人通常厭惡成功和富裕人士（你知道我的意思……他們正等待那些努力投資未來的人所涉足的房地產或股票市場崩跌）。相反地，**富人讚佩其他富有和成功的人**。

三十五、成功人士不相信（或等待）天意、命運、機會或運氣來決定或塑造他們的未來。**他們相信並致力於積極且特意創造自己最好的人生**。

三十六、窮人帶著情緒思考金錢，**富人則依邏輯思考金錢**。

三十七、**成功人士為他們的生活擬定計畫，而且有條不紊地將計畫化為現實**。他們計畫成為自己打算要成為的那個人，而總的來說，窮人的生活是一連串粗心大意、沒有規畫的事件和結果。

三十八、窮人常認為富人不誠實，而**成功人士知道有錢人雄心勃勃**。

三十九、我們大多數人都受到制約，認為金錢是世界上所有不公不義的來源。但錢只是一種商品，就和我們對它的認知一樣好或一樣壞。因此，雖然窮人認為金錢是萬惡之源，**富人則認為貧窮是萬惡之源**。

四十、窮人相信金錢會使人改變，**富人則明白金錢能使人現出原形**。

四十一、窮人擔心如果變富有就會失去朋友，**富人則相信有錢會擴大人脈**。

四十二、**成功人士富有彈性**。大多數人放棄時，他們才開始暖身。

四十三、窮人認為他們的想法和財富淨值無關，**成功人士知道他們的心態攸關成果**。

四十四、許多人認為你必須受過教育和擁有聰明才智才能有錢，**成功人士曉得智商和致富沒什麼關係，但知道他們必須很懂財務**。

四十五、窮人以身作則教導子女金錢方面的事。有趣的是，**富人做同樣的事**。

四十六、**成功人士創新而不是模仿**。

四十七、窮人認為富人應該資助窮人，**富人則相信自力更生**。

四十八、**成功人士不管某一天的感受如何，始終如一做他們需要做的事**。他們不會走走停停、浪費生命。

四十九、窮人認為必須有錢才能賺錢，**富人則知道可以用別人的錢致富**。

五十、**成功人士可以快速有效地處理問題和挑戰；他們不逃避現實**。他們挺身面對挑戰，並且利用挑戰來改善自己。

五十一、窮人把綁手綁腳的金錢信念傳給子女。相反地，**富人將賦予他們力量的金錢信念傳給子女**。

五十二、窮人教導子女如何生存，**富人教孩子如何變富有**。

五十三、窮人教導子女知足常樂，**富人教導子女追求遠大的夢想**。

五十四、**成功人士在管理情緒方面比大多數人有效果**。他們的感受和我們所有人一樣，但不會成為情緒的奴隸。

五十五、窮人向子女低估金錢的重要性，**富人則教導子女了解金錢的重要性**。

五十六、**成功人士是良好的溝通者**，而且刻意與人溝通。

五十七、**成功人士是安定的**，不會從擁有的東西、認識的人、居住的地方或看起來像什麼樣子獲得自我價值感。

五十八、大多數人認為踏出校門，教育就結束了，而且寧可享樂，不受教育。**富人則持續學習和成長**。

五十九、**成功人士樂善好施**，喜歡幫助別人有所成就。

六十、**成功人士往往謙虛自持**，**樂於承認錯誤和道歉**。他們對自己的能力充滿信心但不傲慢。他們樂於向他人學習，樂意讓別人看起來很棒，而不是只尋求本身的個人榮耀。

六十一、窮人不相信個人成長，**富人則知道個人財富不會成長得比個人成長還快**。

六十二、**成功人士樂於逆流而上**，**去做大部分人不會做的事**。他們不會取悅別人，不需要總是獲准去做什麼事。

六十三、**成功人士渴望卓越**，**表示他們會做多數人不會做的事**。他們是自己選擇要卓越。我們都經常要面對塑造人生的決定，成功人士做出大多數人不會做也不做的決定。

六十四、一般人感受到變化帶來的威脅，**成功人士卻擁抱變化**。

六十五、許多人消極被動，**成功人士卻積極主動**，在非得採取行動之前就行動。

六十六、**成功人士的生活相當平衡**。他們可能在財務上取得成功，但他們知道「金錢」和「成功」不可互換。他們曉得，只在財務層級取得成功的人根本不算成功。

我們都有一些富習慣，可是都表現出削弱自身力量的一些窮習慣。人生蹺蹺板的一大差別是：你有更多的富習慣，還是有更多的窮習慣？

好消息是，當你在我們的書中學習到這些概念，選擇權就歸你掌握。你可以選擇會有錢或是沒錢。

本書的目標是帶你走過四個階段：

一、認識這些概念。
二、認清使你失去力量的窮習慣。
三、消除你的窮習慣。
四、用富習慣取而代之。

這樣你就可以加入富人的行列了。

第十章是致富和成功的核心概念，稱為「延遲滿足」。身體力行的人不多，但如果你想改變自己的財務未來，就必須學習怎麼做。

第10章 延遲滿足的祕訣

我們生活在消費的世界，人們總是在最新、最好的玩意兒和產品上架後，尋求立即得到滿足。不妨想想 Apple 和排隊買最新 iPhone 的人龍長到離譜的地步！

然而談到資金管理和致富，耐性和延遲滿足會使一切變得不同。有耐性的人會比尋求「簡單」（卻昂貴）信貸的人更有可能存錢，因為他們樂於等到日後才買新車或大螢幕電視。

他們不必昨天就擁有一切！

延遲的力量

我在成功人士中發現一個共有的富習慣，那就是他們能夠延遲滿足。**成功人士擁有更大的耐性，而且傾向於延後享受工作的成果**。他們有能力去努力實現長期無法實現的目標。

學會延遲滿足，而不是尋求立即滿足，是成功的根本，尤其在談到投資、商業和賺錢等事情時。這表示今天支付的「便宜」價格，長期而言負擔的成本可能高得多，因為你是利用信貸去支付。

在其他事情都一樣的狀況下，有消費性債務者和沒有消費性債務者的一個關鍵區別是，**沒有背負消費性債務的人擅長延遲滿足，而背負消費性債務的人卻不擅長**。最簡單的形式是，能夠等上十五分鐘得到兩顆棉花糖而不是一顆棉花糖，就是延遲滿足的結果。稍後會談論更多這個事實！

你能等到存夠錢再去買東西，而不是一想要就衝動購物，這就叫延遲滿足。你能在今天投資金錢，好在退休時有錢可用，這就是延遲滿足。真正的問題是：你如何學習延遲滿足？

就像我說的，學習延遲滿足並不容易，但如果你遵循一些簡單技巧，它可以成為你的富習慣工具包裡的技能。

一、**寫下金錢目標清單，並把它們放在每天都能看到的地方**。另一個做法是把你的金錢目標告訴某人，也許是導師，然後他就能鞭策你對它們負責。

二、**每次你起心動念想買某樣東西時，好好思考那是想要的或需要的**。如果是想要的東西，例如新西裝或手提包，那麼至少等上二十四小時再決定是否要買。大多數時候，二十四小時足以讓自己看清根本不需要它。對於更昂貴的東西，你應該延遲更長的時間。如果是上網購買，那麼先將它放進購物車，但不要點擊結帳鍵如何？二十四小時後再回來，如果仍然「需要」那件物品，就買下它。你會很驚訝的是，慾望經常會消失得無影無蹤。

三、**另一個策略是請教年齡比你大得多的人，了解他們希望在你這個年紀時用什麼不同**

的方式處理金錢。他們可能分享你不曾想過的觀念。根據我的經驗，他們可能透露，希望在人生更早時候就開始儲蓄和投資，而不是把錢花在當時認為需要的東西上。

延遲滿足的科學實驗

我來進一步解釋：許多人認為延遲滿足是成功的祕訣，我當然相信這是其中一個。多年來已有無數關於延遲滿足的研究，所以我想和你分享其中兩篇，說明它是怎麼運作的。

一九七二年，有一項實驗測試兒童延遲滿足的能力。這個實驗中，研究人員提供兒童一個選擇。他們可以現在就有一顆棉花糖，或者只要等十五分鐘就有兩顆棉花糖。研究人員將孩子留在房間裡，托盤上放著一顆棉花糖。

實驗人員用一台祕密攝影機拍攝房內的情況。大多數的孩子都迫不及待，很快就直接吃掉棉花糖。然而有三〇%左右的孩子能夠延遲滿足，並拿到第二顆棉花糖。

有趣的是，同樣的孩子在接下來的三十年接受測試，猜猜發生了什麼事？能夠等待第二顆棉花糖的孩子在之後的人生更為成功！他們在學校的考試成績比較高，濫用毒品的問題比較少，上大學的可能性高得多，體脂肪較低，長大成年後賺更多的錢。

根據研究者的說法，實驗中的孩子用了許多技巧以延遲滿足和控制自己。有些孩子轉過身不看托盤或棉花糖，有些遮住眼睛不讓自己看到棉花糖，有些甚至踢桌子或拔頭髮以分散注意力，還有其他孩子撫摸著棉花糖，好像那是洋娃娃。

這些當然都是控制他們注意焦點的技巧，肯定是孩子們使用的把戲，可是行得通。從這項實驗可以清楚看出，三〇%的孩子運氣不錯，從小就養成自我控制的能力。但是許多人認為，成年人也能透過練習培養自制力。有了那種自制力，他們更加成功並且實現目標。

換句話說，這一系列的實驗證明，**延遲滿足的能力對人生的成功至關重要**。仔細想想，可以看到延遲滿足的能力對每個領域的成功都有影響。

- 如果你現在能夠延遲看電視的滿足感，先寫完作業，那麼你將會學到更多、拿到更好的成績。
- 如果你延遲在商店買糖果或薯片的滿足感，那麼你回到家會吃到更健康的食物，身體也更健康。
- 如果你延遲提早結束鍛鍊的滿足感，多重複做一些練習，那麼你的身體會更強壯、更健康。

所以我們要問自己的問題是：為什麼有些孩子天生更有自制力，因此注定會成功？

研究者對延遲滿足的概念進行更多的研究以找出答案。羅契斯特大學（University of Rochester）研究人員決定複製棉花糖的實驗，但有個重要的調整。這一次，他們將孩子分成兩組。

根據研究結果，第一組孩子也接觸到不可靠的經驗，例如承諾給更大盒蠟筆或更多貼紙，而不是先前給孩子的小選擇。但這些承諾從來沒實現。相反地，實驗人員給第二組孩子可靠的經驗，向他們承諾會給他們更好的蠟筆和貼紙。不必是愛因斯坦，也知道棉花糖實驗接下來會發生什麼事！

第一組經歷過那些食言而肥的承諾，沒理由相信研究人員會給他們第二顆棉花糖，所以他們很快就吃掉眼前第一顆棉花糖。然而第二組經歷了延遲滿足訓練，由於承諾他們的事情會實現，所以學到等待是值得的，因為他們之前收到更好的蠟筆和貼紙。他們也有能力等待更久。根據研究結果，一般來說，他們等待的時間比第一組長四倍。

換句話說，研究人員發現，孩子延遲滿足和展現自制力不是與生俱來的特質，而是受到親身經驗和環境的影響。事實上，環境的影響幾乎是立即的。只需要幾分鐘的可靠或不可靠經驗，就足以將每個孩子的行動推向某個方向或另一個方向。

延遲滿足的基礎知識

幾十年來，這些棉花糖經驗變得非常流行，但它們只是延遲滿足拼圖的一片。人類的行為（以及整體的生活）遠比這複雜許多，所以我們不要假裝一個四歲小孩做的選擇，將決定他的餘生會多富有或多成功。

然而我的觀察是，這些研究確實凸顯了一個非常重要的富習慣。等候第二顆棉花糖或者更好的蠟筆或貼紙並不容易，事實上，對孩子來說格外困難。但是改變從小一直練習的根深蒂固習慣和生活方式並不容易，一旦你意識到延遲滿足概念的重要性，它就完全能夠做到。就從承認你的習慣是要提供立即的滿足、對自己的思考型態做點小改變開始吧。

請記住，如果它來得太快，你可能很容易再次失去它。所有好事都需要時間！

正如巴菲特講的智慧之語：「財富就是把錢從沒耐性的人手裡轉移到有耐性的人手裡。」

延遲滿足意謂什麼？

延遲或延後滿足的定義，是能夠抗拒即時的報酬，等待稍後的報酬。稍後的獎賞通常遠大於立即的獎賞，這就是值得等待的原因。

對延遲滿足的能力所做的研究顯示，這項技能還有其他許多正面成果，包括學業有成、身心健康和社交能力突出。同樣的，一個人延遲滿足的能力，和耐性、衝動、自我控制、意志力等其他技能有關，而這些都包含在自我調節的行為中。因此，如果我們想富人和成功人士，他們的關鍵富習慣之一就是能夠延遲較少的立即報酬，以換取稍後更多的報酬。但我們要記住，對大多數人來說，這種技能不是天生的。

人類天生喜歡立即滿足。我們愛它！雖然早在現代的貨幣體系出現之前，進化就使我們成為那個樣子，遺憾的是，在我們想要致富時，立即滿足的渴望對我們並沒有幫助。事實上，它反而傷害我們。

這是許多高所得者不「富裕」的原因之一。你會經常發現，他們賺得愈多，花得就愈多，最後入不敷出、為生活奔波，因為他們需要支持的生活方式極少或根本沒有持久的價值，卻需要用很高的固定成本去維持。他們通常花錢在豪宅、名車和令人歎為觀止的假期等上面。他們過著立即滿足的生活，是大手筆支出同儕群體中的一員，而且必須更加努力工作，以維持不再感到有時間或精力享受的生活方式。這就是我們通常所說的汲汲營營。

延遲滿足和金錢

談到最新的玩意兒或流行，大多數人都難以自我控制。在我們現在置身的科技世界，情況更糟的是，人人都能立即接觸到錢，不管是真實的錢還是其他的錢。

太多人使用信用卡衝動購買，而實際上他們沒辦法很快償還。遺憾的是，這種心態很快就會導致財務毀滅。

現在該是對自己誠實的時候了。你是立即滿足的奴隸嗎？如果是，有許多策略可以打破這個循環，但首先你必須認清這個窮習慣。且讓我說清楚：消費性債務絕對不好。刷信用卡衝動購買，或者承擔不必要的債務，像是買汽車等不會增值的資產，或者更糟的是，背負個人貸款去度假，都絕對不是好主意。

太多人把信用卡的信用額度視為自己的錢，事實並非如此。當你背負消費性債務，便是將你期望將來賺得的錢用於當前的支出（或者亂花錢），但是你得支付銀行利息，才能獲得這麼做的特權！

我們可以從中學到的是，**你需要找到嚴以律己和採取行動的能力，而不是分心去做容易的事**。幾乎每個領域的成功都要求你忽視比較容易的事（延遲滿足），而去做比較困難的事。所有這一切的教訓是：我們都可以培養延遲滿足的富習慣，接受美好的事物值得等待的道理。

第三部中，柯利將解釋他的富習慣計畫，以及他在為期五年的富人和窮人研究中發現的三十個富習慣。我們真的相信他的研究會幫助你了解如何從採取富習慣受益，同樣重要的是，他會教你如何不惜一切代價避開窮習慣。

第三部

了解富習慣和窮習慣

湯姆・柯利

第11章 富習慣計畫

開始探討富習慣計畫之前，我想要消除關於財務成功的一些常見迷思。多年來，一些媒體人使這些迷思永久存在，而且遺憾的是，這些迷思成功地將許多人洗腦，而他們本來會去追求成功。

迷思一：富人運氣好，窮人運氣差

許多不成功的人用他們「欠缺好運」或只是「運氣不好」，來合理化自己的處境。他們認為，為了在財務上成功，你需要好運氣。好運對成功很重要嗎？答案是明確的「是！」。所有成功的人都有過好運。事實上，如果沒有一些好運，沒人會成功。我們就來詳細說明這個事實。

運氣有四種。

第一種運氣是「隨機好運」（random good luck）。這種好運我們沒辦法控制，像是中彩券或出乎意料繼承一筆財富。

第二種運氣是「隨機惡運」（random bad luck）。就像隨機好運，我們也無法控制它。

產生這種運氣的事件，大多超出我們的影響範圍，例如罹患疾病、遭到雷擊、隨機事故、樹倒在房子上等等。

第三種運氣是「機遇運氣」（opportunity luck）。這種好運是日常好習慣的副產品。不妨把機運好運想成是蘋果園。你準備好土地，播下蘋果種子，在它們長大時勤於照料。經過一段時間，蘋果樹開花結果。由於你長時間做需要做的事，果實便是你勤勞工作的副產品，這些蘋果就代表機遇運氣。

成功人士做長期必要的事，好讓機遇運氣發生在生活中。他們用富習慣過每一天。**富習慣就像吸引機遇運氣的磁鐵，許多機遇完全出乎意料**，有些人稱為「吸引力法則」。對於以富習慣生活的人來說，機遇運氣遵循著吸引力法則。

第四種運氣是「有害運氣」（detrimental luck）。有害運氣是機遇運氣的邪惡雙胞胎。不成功的人有壞習慣。壞習慣和富習慣一樣，也是種子，它們會生根並茁壯，直到結果。遺憾的是，壞習慣滋生壞果實，為不成功者的生活帶來有害運氣。這種有害運氣可能造成失業、投資損失、喪失抵押贖回權、離婚、生病或類似的某種事情。

為了將成功帶到生活中，你需要吸引正確種類的運氣。

以富習慣過生活，保證你會吸引正確的運氣，而且機會將出現，看似憑空而來；就像低懸的水果，只要伸手去摘就行了。

迷思二：富人大部分的錢是繼承來的

根據研究或調查，有很多人，也就是六七％到八〇％的富人是白手起家的大富翁。❺這些白手起家的大富翁不是出身寒微，就是來自中產階級。大多數富人的財富不是繼承來的，是他們自己創造的。

迷思三：富人工作不努力

富人，尤其是白手起家的大富翁，工作時間遠遠超過其他任何人。根據美國人口普查局（Census Bureau）的統計，一般富裕家庭（美國國稅局定義為收入最高的二〇％）的工作時間是一般貧窮家庭的五倍。

那麼，富人只是工作得比其他每個人賣力？是的，但不一定是因為他們有更好的職業道德。富人更賣力工作，是因為他們喜歡、熱愛或者非常熱中於賴以維生的工作。因此，他們投入更多時間在工作上。遺憾的是，大多數人都在做他們不喜歡的工作，結果只付出最低程度的努力，以求保住飯碗。

談到超級富豪，也就是財富淨值達五百萬美元或是更高的人，工作對他們而言有極不同的意義。理查．布蘭森（Richard Branson）是著名的白手起家大富翁，他擁有維珍航空（Virgin Atlantic Airlines）和其他約二十家公司。眾所周知，他一天工作十二到十四個小時。有人問他是否認為他做的事是工作，他說：「不。我愛我所做的事，也愛一起共事的人。如果我告訴你，我每天玩十二到十四個小時，你還會認為我是勤奮工作的人嗎？」

至少非常富有的人不像社會定義的那樣工作。沒錯，他們投入大量時間在工作上，但這麼做是因為喜歡正在做的事。當你熱愛賴以維生的事，它就不再是工作。它成了好玩的事。誰不想每天玩十四個小時呢？

迷思四：富人較聰明且受過更好的教育

如果看看富人「名人錄」，你會發現其中約五〇%的人沒有大學畢業，有些人，例如安德魯·卡內基（Andrew Carnegie），甚至沒念完文法學校（或小學），更別提中學了。事實是，大多數的富人人生一開始並沒有比其他人聰明或受過更好的教育。

他們渴望持續學習，以及渴望改善他們的技能，正因為做這些事情，最後使得他們更聰明，知識更豐富。他們是終身學習者，每天馬不停蹄地自我提升，每天都在成長。他們投入任何可用的時間，成為自己需要成為的人，好讓成功來敲門。

---

❺ 原註：根據二〇一三年BMO私人銀行（BMO Private Bank）的研究，六七%的高淨值美國人是白手起家的大富翁，只有八%的財富是繼承來的。

富習慣

習慣代表無意識的行為、思考、選擇和情感。當神經元（腦細胞）彼此重複交談，就形成了一種習慣。習慣是有目的的。大腦和身體的其他部位不同，沒辦法儲存燃料，它必須向身體其他部分要求供應燃料。因此，在幾百萬年的進化中，大腦創造了習慣，協助它運作得更有效率，以及減少燃料消耗。習慣讓大腦免於運作，並且節約大腦使用的燃料，所以大腦自然而然喜歡習慣。

習慣由大腦中稱為基底核的小區域控制。基底核位於大腦深處稱為邊緣系統的區域，它是習慣的無意識指揮控制中心。當基底核決定一個習慣需要運作，它會指示大腦啟動一連串腦細胞，一旦啟動，我們就會無意識地發現自己投入某種活動、思考、行為或情緒。

習慣改善大腦的功能。由於這個原因，大腦總是在設法創造習慣。你坐上汽車駕駛座，習慣會讓你不假思索地開起車來。如果你有良好的日常成功習慣，這將使你不假思索地邁向成功。如果你有壞習慣，這會讓你自動駛向失敗。很簡單，習慣是驚人的發明。

除非我們強迫自己意識到本身的習慣，否則永遠無法改變習慣性的行為、思維、決策或情緒。少了習慣意識，習慣往往會溜到我們的意識雷達偵測不到的高度之下。

研究顯示，我們的許多習慣是在九歲以前模仿父母而形成的。[6]父母對我們幼年生活培養習慣的影響最大，我們會將其中大部分的習慣帶進成年生活。有些模仿父母的習慣和神經學有關。我們的大腦有種稱做鏡像神經元的東西，其用途是讓嬰兒和兒童能夠模仿父母的行為和情緒。它們是史前人類進化的古老遺物，存在的主要目的是幫助生存。

只有在孩子成年後，才能擺脫幼年期間養成的習慣，他們從新環境、事業生涯導師、終身自我教育或要求嚴格的學校形成新習慣。

我們所有的日常活動約有四〇%是習慣使然[7]。這表示我們每天有四〇%的時間是在自動駕駛。如果好習慣多於壞習慣，生活會很好，我們會很快樂；如果窮習慣多於富習慣，日子就會變得難過，我們會感到不快樂。這就像蹺蹺板，對大多數人來說，他們蹺蹺板上的壞習慣比好習慣多，它會往錯誤的方向傾斜。只要添加一些好習慣，就可以使蹺蹺板往正確方向傾斜，並永遠改變我們的生活。反過來說，只消除一些壞習慣也能使蹺蹺板朝正確方向傾斜，對我們的生活產生正面影響。

習慣有兩種：普通習慣（ordinary habit）和拱頂石習慣（keystone habit）。普通習慣是簡單、基本、獨立的習慣，例如早上醒來的時間、上班所走的路線、如何拿叉子等。拱頂石習慣則是比較複雜的習慣，在習慣世界中是獨一無二，因為它們影響普通習慣。拱頂石習慣就像掠食者，它們四處尋找和吞噬威脅，並干擾拱頂石習慣的普通日常習慣。

讓我舉個例子。今天是元旦，你許下的一個新年願望是減肥。你超重了大約二十公斤。

---

❻ 原註：根據《美國家庭治療期刊》（*The American Journal of Family Therapy*）二〇一四年發表的布朗大學研究（Brown University Study），大多數的習慣是在九歲前形成。

❼ 原註：根據《心理科學期刊》（*Psychological Science Journal*）二〇〇六年發表的杜克大學研究（Duke University Study），主題為「習慣：重複性表現」（Habits – A Repeat Performance），顯示四〇%的日常活動是習慣使然。

一位喜歡跑步的好朋友說，最快的減肥方法是跑步，所以你決定開始跑步（富習慣）。你討厭跑步，但是跑了一陣子之後，你的體重減輕了七公斤。一天晚上，你參加某個社交活動或聚會，某個認識的人讚美你減肥有成，身材看起好很多。那天晚上你回到家裡感覺很開心，感覺飄飄然。這樣的讚美真的讓你精神大振。

第二天早上，你決定減少吃垃圾食物（窮習慣），並停止暴飲暴食（窮習慣）。你也想跑得更遠，以減輕更多體重，所以你決定戒菸（窮習慣）。只要採用一種拱頂石習慣（跑步），就消除了三種普通習慣：吃垃圾食物、暴飲暴食和抽菸。

這就是拱頂石習慣如此重要的原因。它們自動消除一或多個壞普通習慣。由於這個原因，許多富習慣被設計為拱頂石習慣。這使得習慣的改變容易得多，速度也快得多。

從成功學到的事

當我開始研究富人和窮人，我想知道一個問題的答案：為什麼有些人富而其他人窮？在歷經五年並超過三百五十次的面談後，我完成研究。這不是件容易的事。

我將一百四十四道問題分為二十類，向超過三百五十位富翁和窮人提問。我花了五年時間，不只寄出調查問卷，因為調查的價值非常有限，我還和這些人見面或者電話訪談。

這一來，我能夠收集到多出許多的資料。如果你算一下，就會知道我總共問了五萬一千九百八十四次問題，加起來可不少！但這是值得的。我在因應錯誤和失望方面學到很多。

我深入了解需要做些什麼，才能克服追求成功經驗的每個人都會遇到的難關、障礙、拒絕和情緒低落。更重要的是，關於成功和失敗，我學到了許多。我特別了解為什麼有些人永遠不會放棄夢想，以及為什麼有些人會放棄。

我了解永不放棄的那些人：

一、有熱情能量

從不放棄的人，已經發現生活中的主要目的。當你找到生活中的主要目的，就會被注入我喜歡稱之為「熱情能量」（passion energy）的某種東西。這種能量比意志能量強上一百倍，它會促使你日復一日每天工作十四個小時，能讓你在那些日子裡長時間工作，十分專注，不會感到疲累。

你不會感到疲累，因為你喜歡正在做的事，而且想要繼續做下去。當你擁有熱情能量，根本不覺得自己在工作。

二、表現非強迫性專注

永不放棄的人會與我稱為「非強迫性專注」（unforced focus）的東西不期而遇。你可能不曾聽過非強迫性專注一詞。這是一種專注，依賴我之前提到的熱情能量，有人稱這是「沉溺其中」（in the flow）。

總之，它是一種專注，讓你能全神貫注於一項任務五、六，甚至七個小時，毫不間斷。

它的姊妹是「強迫性專注」（forced focus），依賴意志能量，通常限於兩、三個小時。你在做不喜歡或沒有熱情的工作時，必須使用強迫性專注。如果發現自己追求夢想時苦於不知專注什麼，那就表示你沒有找到生活中的主要目標，也無法成功實現夢想。

三、能夠「區隔」

在我的研究中，許多白手起家的大富翁在追求夢想的同時，都保有全職工作或專職經營企業。**訣竅就在於「區隔」**。你需要把賺取主要收入的時間隔離出來，並且確保賺取主要收入的工作表現得普通或不錯。工作表現普通或不錯會讓你繼續受雇，或維持你的企業經營不墜，直到夢想開始支付股利。

你的夢想需要許多年的時間，才會開始在財務上有報償。你必須放長眼光於未來，所以需要保持主要的收入能源源不絕。如果你想要更清楚理解這個概念，請閱讀大衛．麥卡勒（David McCullough）的《飛翔之夢：萊特兄弟傳》（*The Wright Brothers*）一書。

四、保持耐性

我的研究中有八〇%的富人直到五十歲才富有，五二%的人直到五十六歲才富有。**創造財富需要很長的時間**。從不放棄的人是有耐性的。

五、承擔審慎計算過的風險

從不放棄的人擅長管理風險，他們承擔經過深思熟慮的風險，不求一時僥倖或指望機會對他們有利。由於他們完全了解正在承受的風險，而且每件事都思考透徹，所以能夠度過追求成功過程中相關的起伏波動。

六、控制自己的想法和情緒

八一%的富人養成控制自己的想法和情緒的習慣。

不是每一個想法都需要從嘴裡說出來，而且不是每一個情緒都需要表達出來。這麼做會破壞人際關係；這些關係本來可以為你和家人打開重要的大門。

從不放棄的人能和其他志在成功的人建立強而有力的關係，因為他們謹言慎行，懂得控制自己的情緒。

七、做好自己的功課

從不放棄的人會做好功課。他們每天都在閱讀和學習，每天都在完善自己的知識和技能。他們透過每天的學習，不斷改進和成長。

八、組成一個團隊

從不放棄的人身邊通常有個團隊，維持每個人高昂士氣。他們為自己的理念尋找使徒，每個人都投入其中，並有相同的願景和目的。

你需要和別人合作，幫助你在生活中取得成功。從不放棄的人善於組建共同合作的團隊，專注於追求獨特的夢想或目的。沒有人是靠自己的力量起家的。

九、從錯誤中學習

錯誤是承受審慎計算過的風險產生的副產品。從不放棄的人視錯誤為學習經驗。**錯誤教你不該做什麼事。**

十、心胸開闊

如果你心胸狹窄，就無法學到任何東西。

對新觀念、新的做事方式和他人的意見敞開心胸，攸關你的成長甚鉅。成功需要成長。你必須成長為你需要成為的人，成功才會來敲門。你必須開放心胸，容忍他人的意見。從不放棄的人，對所有的意見和觀念抱持開放態度。

十一、從不放棄夢想

從不放棄的人會堅持到成功、破產或死亡為止。

總會有些日子事事不順、總是遭受拒絕、每個人都無視於你、感覺退無可退，你的夢想似乎就要在所有的失敗和錯誤的重壓之下崩潰。不管你的心情有多低落，每天至少必須做五件事，推動自己往目標邁進。

十二、保持健康

「你沒辦法在病床上賺錢。」這是一個絕不放棄的人在我研究期間告訴我的。從不放棄的人每天運動、節制吃進垃圾食物、適量飲酒、避免吃速食餐廳、每天用牙線潔牙，而且大多數人不抽菸。

十三、他們不屈服於害怕

從不放棄的人養成克服害怕的習慣。他們並不迷信，相信自己可以克服任何阻礙。

十四、不屈不撓

茱莉・克羅恩（Julie Crone）是進入純種賽馬名人堂（Thoroughbred Hall of Fame）的第一位女性，座下的馬獲得三千七百零四次勝利。她的座右銘是不斷亮相，每天不斷盡力而為。從不放棄夢想的人每天都放手一搏。

追求夢想的途中，事情難免出差錯，他們不會糾結在心上，而是從錯誤中學習，然後再試一次。**他們堅持不懈，因為對所做的事充滿熱情**。他們對所做的事情充滿熱情，因為知道自己找到生活的主要目的。

當你找到生活的主要目的，它會注入熱情能量，而熱情能量會讓你堅持下去。

但相反地，會放棄的人是這樣：

一、把錢用光

他們因為把錢用光，所以放棄。這永遠不該成為放棄的理由。我們總可以找到錢，尤其是隨著群眾外包（crowd sourcing）❽的成長。

找不到錢的真正原因是未能和有錢的人建立關係，或無法向有錢人適當宣傳你的夢想。

二、有家庭問題

你必須投入夢想所花的時間，剝奪了與家人共享天倫之樂的時光。

離婚這個詞開始抬起它醜陋的臉。或者你的孩子少了一位導師，開始表現壞行為或做出不好的選擇。不妨想想退學或嗑毒等問題。

三、失去自己的團隊

有些人是因為團隊中的關鍵成員退出而放棄。

在你追求夢想時，你的資源通常非常有限。團隊中的每個人都很重要，有些人比其他人更重要。要防範這個問題，你必須和擁有你所需技能的個人培養好關係。如果不這麼做，當你失去一個關鍵團隊成員時，可能意謂著你的夢想結束了。

四、缺乏熱情

有些人放棄是因為失去熱情，在這種情況下，他們的「為何而戰」（WHY）不夠大，或者沒有追求生活的主要目的。如果你的「為何而戰」夠大，就永遠不會放棄。當你發現生活的主要目的，就永遠不會放棄。

五、有健康問題

有些人因為健康因素而放棄。這就是為什麼前面提到保持健康很重要。追求成功是個漫長過程，得花上許多年。如果你在那些年裡忽視自己的健康，可能就沒辦法走在正軌上。

六、害怕

許多人屈服在害怕之下而放棄：害怕賠錢、害怕破產、害怕承擔債務、害怕婚姻破裂、害怕尷尬、害怕不適當等。這些是我在研究富人和窮人的五年期間學到的一些事。

接下來就看看我透過研究發現的三十個富習慣，引導你開始踏上成功之旅和享受富裕的生活。

---

❽「群眾外包」是指個人或企業利用網路用戶以取得需要的點子和服務，這個概念最早是美國記者傑夫．何奧（Jeff Howe）於二〇〇六年提出。

第12章

第一個富習慣

——養成良好的日常習慣，而且每天遵循這些好習慣

良好的日常習慣是成功的基礎。成功人士的日常習慣不同於沒有成功的人，他們有許多良好的日常習慣和極少不良習慣，而不成功的人則有許多不良日常習慣和極少良好習慣。

邁向成功的祕密會是祕密，是因為即使富人也不知道自己的習慣有助於在人生中取得成功。這就是為什麼發掘成功的原因一直很困難，直到現在。

在意識到自己的優勢和劣勢之前，任何人都不會真正地成功。**自我評估需要自我意識**。**為了能夠確定哪些習慣有助於或有害於你，就必須先了解自己的習慣**。一旦找出所有習慣，才能確定它們是好習慣還是壞習慣。

我希望你在三個工作日中隨身攜帶一小張紙，記下作為日常習慣的每一項活動、想法或決定。

透過這個練習，你會知道哪項活動、想法或決定是日常習慣，你會發現自己每天都在重複它。你不需要將重複的習慣加到紙上，因為它前一天就已經在那裡了。一旦你有了所有習慣的完整清單，下一步就是在每個習慣旁邊記個加號或減號。加號代表好習慣，減號代表壞習慣。對你的習慣評分之後，接下來是將壞習慣轉為好習慣。

將一張紙分成兩欄。第一欄列出日常的壞習慣。接著我要你反轉每一個日常壞習慣，並在第二欄列出它們的相反習慣，我們標示為你的「新日常好習慣」（如下表）。

請遵循新日常好習慣三十天。早上檢查一次，中午檢查一次，睡前檢查一次。這會強迫你產生責任感。我們的目標是每天遵循盡可能多的新日常好習慣。我的經驗是，如果能夠遵循二〇到三〇%的新日常好習慣，那就是美好的一天。

日常好習慣工作週檢核表（舉例項目）：

一、我今天為工作、事業或正在追求的夢想或目標閱讀，並學到一些新知識。
二、我今天運動三十分鐘。
三、我今天完成八〇%的待辦事項。
四、我今天至少打了一通新客戶開發電話。
五、我今天沒有浪費時間。

日常壞習慣	新日常好習慣
我看太多電視。	我限制自己一天只看一小時電視。
我沒有經常運動。	我每天運動三十分鐘。
我沒有注意自己吃些什麼。	我每天攝取的熱量不超過XXXX卡路里。
我沒有閱讀工作相關的資訊。	我每天閱讀三十分鐘，經常學習。
我做事拖拖拉拉。	我今日事今日畢。
我浪費太多時間。	我今天沒有浪費時間。
我抽菸。	我今天不抽菸。
我不馬上回電話。	我今天要回每一通電話。
我不記得人名。	我寫下人名，並且記住它們。
我忘了重要日子。	我記得其他人的重要日子。

六、我今天做了一件不想做的事。

七、我今天沒說挖苦的話。

八、我今天沒說不得體的話。

九、今天當我發現說太多話後便不再開口。

十、我今天攝取的熱量不超過兩千大卡。

十一、我今天只准自己喝兩瓶啤酒。

十二、我今天比要求的時間多工作三十分鐘。

十三、我今天打電話給一個人，只是打聲招呼。

十四、我打電話給我認識且今天生日的每一個人，祝他們生日快樂。

小結

成功人士養成好習慣，使成功自然而然到來。

他們也消除了妨礙成功的壞習慣。這是第一個富習慣，也是最重要的一個，因為它為我將與你分享的其他富習慣奠定了基礎。

雅德尼的觀點

致富和成功的第一步是評估你當前的位置。你過得好嗎？了解什麼是行得通的（你想要保有的想法、行動和習慣，然後明確找出你的窮習慣）、缺乏生產力和削弱自信的習慣。

問題是，你每天看一次自己的窮習慣，它們似乎可能沒有那麼壞，但是將這些窮習慣累加到未來，可能帶來毀滅性的後果。

第13章

第二個富習慣

——定義自己的夢想，針對每個夢想打造目標，且每天專注於此

你可能不曾聽說過「夢想設定」（dream-setting），**夢想設定是實現夢想的跳板**。如果不設定夢想，就永遠不能實現夢想，進而過著夢想中的生活。你的生活其實很像蓋房子，真的就是簡單的兩步過程：

一、為你的理想生活畫好藍圖。

二、構建你的生活。

看起來相當簡單，不是嗎？

生活藍圖是由完美生活的所有東西所組成：你想擁有的工作、你想謀生的方式、你想居住的地方、你想共享生活的人生伴侶、你想去旅行的地方，你想累積的財富等，這些都被稱為夢想。你藉著定義所有的夢想，開始建構理想的生活。這些夢想合在一起，就成了你的生活藍圖。

你實現目標了嗎？

你的目標是你的建築團隊。你需要定義會使夢想成真的所有目標。你針對每個夢想設計目標。一個夢想可能需要實現一個、五個或十個目標。

當你為了實現每個特定夢想而完成所需的一系列目標，每一個夢想就會實現。夢想設定為目標設定過程奠定了基礎。請容我更詳細地解釋這個夢想設定的過程：

第一步：問問自己十年、十五年或二十年後想要的理想生活，然後寫下理想未來生活的每一個細節。細節要寫得非常具體，例如賺取的收入、居住的房子、擁有的船、開的車、累積的錢等。

第二步：使用你對理想未來生活的詳細描述，條列你理想生活中的每一個細節。這些將是你賺取的收入、居住的房子、擁有的船等。細節代表你的每一個夢想。你需要實現許多夢想，才能產生夢想的生活。每個夢想就像梯子上的一級。在你實現每個夢想時，就會往上爬一級。當你到達梯子的頂端時就會知道，因為那時你知道自己正過著夢想的生活。

只有在你定義了每個夢想之後，目標設定的過程才會展開。目標設定過程需要你針對每個夢想建立目標。為了針對每個夢想設定目標，你需要問自己兩個問題：

一、為了讓每個夢想成真，我需要做些什麼以及需要投入哪些活動？

二、我能夠執行那些活動嗎？

如果問題二的答案為「是」，那些活動就代表你的目標。目標不是某種神祕的東西，它不是某種廣泛的目的。這是許多人未能達成目標的原因之一。他們所追求別人要他們追求的那個目標，其實是夢想。

夢想是廣泛的目的，與目標截然不同。目標涉及實體行動，而且只有在你具備投入那項活動的知識與技能時才是目標。如果缺乏該項知識和技能，你就不能也不會實現目標。

夢想等於廣泛的目的，例如每年賺十萬美元，或者買間房子，或存到五萬美元。這些都是夢想。而**目標等於行動**。**目標是為了實現每一個夢想所必須採取的行動步驟**。

舉例來說，假設你的夢想是存到五萬美元。現在，目標或者夢想背後的目標是什麼？你的目標可能是每個月存一千美元，存上五十個月。這個五萬美元的夢想可能也需要另一個目標：每個月將減少支出一千美元，這樣就能每個月存一千美元。

一旦了解目標是什麼，你就能百分之百實現所有目標。遺憾的是，大多數人誤把夢想當做目標，這就是大多數人未能實現目標的原因。

我們來總結一下這個過程：

一、用文字描繪你的理想生活畫面。

二、為了擁有理想的未來生活，定義每個必須實現的夢想。
三、針對每個夢想建立具體的目標。
四、採取行動。追求和實現每個具體的目標，將使每個夢想成真。

接下來，你為每個夢想重複這個過程。當你實現每個夢想，理想的未來生活將成為你真正的現實生活。

每日目標

在每天一開始，編寫一張每日待辦事項清單。在這張清單上，自動填上每天的行動步驟，幫助你朝每個目標邁進，一旦達成目標，將使你更接近實現每個夢想。

有些夢想可能有五或更多個目標需要達成，有些目標可能必須完成五或更多個行動項目。請定義這些行動項目，並且自動將它們處理到你的待辦事項清單。設定明確的時間，處理和目標有關的每一個行動項目。

成功人士喜歡騰出一天當中的特定時間，專注於這些夢想目標。那個時間通常在清晨，因為最不會分心。在一天當中，把每個和目標相關、已經完成的行動項目標記出來，並且祝賀自己的成就。一天結束時，評估你的待辦事項清單，這會強迫你負起責任；待辦事項清單成了鞭策你負起責任的夥伴。

每月目標

每月目標其實只是一張記分卡，它會告訴你每日目標是否奏效。例如，假如你試著在接下來的五十個月存五萬美元，那麼每月目標是在月底存一千美元。

做到了嗎？沒有？好吧，為什麼沒有呢？現在是檢討的時候。也許你需要縮減更多開銷？也許需要工作更長時間賺取更多收入？你的每月目標和每日目標的達成有直接相關性。

當年目標

用於每月目標流程的相同原則與邏輯，適用於當年目標的流程。你的當年目標只不過是一張記分卡。你今年為五萬美元的夢想存到一萬兩千美元了嗎？如果沒有，問題不在你的當年目標，而在於沒有實現每月目標。沒有達到每月目標是個警訊，表示每日目標流程出了問題。每月目標階段發出你需要檢討的警訊——改變你在每日目標層級所做的事情。你的當年目標不過是一面鏡子，反映你正採取的每日行動是否正在發揮作用。

夢想設定／目標設定流程舉例

夢想：今年我要通過認證合格會計師考試。

每日目標：接下來六個月，我將在每個工作日看書九十分鐘。

每月目標：有兩個，一個是看書一百五十個小時，一個是在本月模擬考中拿八十分。

現在，假設到了月底，每次模擬考都沒過關，這表示什麼？這是個警訊，應該調整做法。你可能需要增加每個工作日的看書時間，或者週末也看書。每月目標等於警訊，它們會告訴你是否走在正軌上。

長期目標

長期目標是偽裝的夢想。你沒辦法實現夢想，只能藉由實現每日目標、每月目標和當年目標來實現夢想。目標是實現夢想的門戶，是夢想的施工團隊。對一些人來說，這可能令人苦惱，但對大部分人而言，我想你鬆了一口氣。令人欣慰的是，你不是一再無法實現長期目標的失敗者！**你會失敗，是因為別人給你錯誤的目標定義**。

因此，讓我闡明目標的定義：

只有在有兩樣東西存在時，目標才是目標：一、實體活動；二、百分之百可實現，表示你擁有執行所需實體活動的知識和技能。

如果你能執行這項活動，阻礙你的唯一事情就是採取行動。

幫助你緊緊盯住夢想的一個實用技巧是使用願景板（vision board）。願景板是你的每個夢想的實際畫面，可能是你想買的房子照片、希望終有一天擁有的事業照片，或者希望退休後居住某處的照片。

喜劇演員金凱瑞（Jim Carrey）成名之前，開了一張一千萬美元的支票給自己，並將支票放在每天看得到的地方。它代表他的夢想願景板——演出一部電影，拿到一千萬美元的酬勞。終於有一天，在電影中當主角的機會來臨，猜猜金凱瑞要求多少片酬？不多不少，一千萬美元，而他得到了！

成功人士針對他們的夢想建立目標。

他們放長眼光思考，不斷展望著未來及理想的未來生活，努力確定他們在實現目標上所處的位置。當採取的行動並沒有讓他們更接近實現目標時，他們會持續檢討，改弦易轍。

不成功的人沒有定義他們的夢想，或者沒有在一夜之間成功就放棄了夢想。

沒有任何夢想的人不會以目標為導向，就像秋天的樹葉漫無目的地飄落，沒有方向。他們任由日常生活的干擾，影響工作上執行職責的能力。他們讓自己很容易就被與工作無關的事物分散注意力。由於他們沒有追求任何夢想或生活中的任何主要目的，因此沒有可以專注的目標。

極少數不成功的人確實在追求夢想，但是在情況變得艱難時放棄。他們接著轉移注意力到吸引他們目光的下一件事物上。當成功不是立即來到、金錢來得困難時，他們會從一項冒險活動跳到另一項。你已經見過身邊這類不成功的人。他們每年都會沉迷於能夠賺大錢的新事物，例如成為作家、開發手機微型應用程式、製作 YouTube 短片、成為房地產投資人、企業教練、培訓師、理財規畫師、發明家等。

我喜歡稱這為「閃亮新奇事物症候群」（bright shiny object syndrome），它阻礙了個人在生活中取得成功，因為缺乏**專注、耐性和堅持，這三個成功習慣是成功的先決條件**。這種病妨礙他們發展必要的技能和知識，否則就能使他們成為需要成為的人，等待成功來敲門。

小結

成功人士會設定夢想，然後針對每個夢想建立目標。

雅德尼的觀點

儘管旅程有個可以前往的終點是件好事，但是到頭來，真正重要的是旅程本身。

第14章 第三個富習慣

——每天花三十分鐘增加知識和提高技能，每天投資自己

成功人士每天都在自我改善。在大多數情況下，這包括閱讀。他們會閱讀和工作、事業、追求的夢想或其背後目標相關的任何東西及每一樣事物。他們成為所屬業界、專業、職業或利基點的學生，並隨時掌握最新發生的變化。他們不把時間浪費在電視、電影或瀏覽網路等事情上。

成功的個人每天投入一段段時間，研究能以某種方式改善自我或練習某些技能的主題材料，使自己變得更好。這種日常習慣最後使他們成為所在領域的專家或專業人士。

成功人士將時間視為他們擁有的最寶貴資產。他們每天自我改善，調整夢想和目標，這可能包括取得額外證照、學位或發展新的利基點。他們不斷參與某些建設性專案，以提高技能、促進事業或職業、保持心思敏銳或擴大自己的知識。

知識和學習是成功的基礎與跳板。我們不可能懂得一切，成為萬事通，因此，你必須專心學習特定的領域，為你投資於學習的時間創造最大的報酬。

我們來談談這些關鍵領域：

一、了解你的工作和所在行業的一切。
二、了解你對生活中充滿熱情事物的一切。
三、了解生活中重要人物的一切。
四、了解當前重大事件的一切。
五、每天至少學習一樣新事物。
六、每天至少學習一個新辭彙。
七、每個月都要學習舒適圈外一件新奇的事物，挑戰你的思維。

不成功的人不是他們所屬業界、專業或職業的學生，他們不會每天練習以完善技能，不會例行性地追蹤自己的行業。他們不會定期閱讀業界刊物，寧願每天花幾小時看電視，為了娛樂而閱讀或上網四處瀏覽。他們合理化自己疏於改善自我的行為。

自我改善包括每天參與一些活動，改善你的心思，擴展你的知識或磨練你的技能。擴展你所在行業的知識，是你必須做的自我改善活動，這可以透過定期閱讀業界刊物做到，並且藉由取得額外證照、技能或有利於事業的新利基點，提升你的事業生涯。針對特定事業生涯所做的自我改善活動，是提高技能和善用機會所必需的。隨著你的知識基礎成長或技能改善，你會注意到機會開始自行現身。

選擇一段干擾較少且你挪得出來的時間，有時這可能是正常工作日開始前的一大早。至少每天留出三十分鐘做這些活動。每天三十分鐘看起來可能不多，但一段時間之後，加起來就是相當可觀的自我改善活動。不管一天當中什麼時候最適合你，都要在不受打擾的時候自我改善。

小結

成功人士每天至少花三十分鐘學習和改善他們的技能。

雅德尼的觀點

我發現，從破產的人那裡學得如何致富，通常甚於向比爾·蓋茲（Bill Gates）學習。這是因為愚蠢比聰明更常見，所以你應該花更多心力避免做出不好的金錢決定，而不是做出好的決定。

我曾讀過文章說到，職業網球賽中，有八〇%的得分是贏來的，而在業餘網球賽中，有八〇%是輸掉的。致富也是如此，新手應該專注於避免錯誤，而且成為做出卓越舉動的專家。

第15章

第四個富習慣

——每天花三十分鐘運動，每天都吃健康的食物

成功人士每天都持續努力吃正確的食物和運動。他們不只考慮吃什麼，也考慮吃多少。他們管理食物的攝取，不會大吃大喝、暴飲暴食，即使沒有節制，也會管理好自己，避免過度放縱，而且這種事不常發生，只會偶一為之，例如假日用餐或聚會。對成功人士來說，運動是日常例行活動，就像刷牙。他們明白每天運動有益身心，每天運動有很多好處。

運動的好處

運動可以改善大腦機能

運動，尤其是有氧運動，會讓血液充滿氧氣，氧氣最後會進入大腦。氧氣的目的之一是像海綿一樣運作，吸收每個細胞內的廢物。由於大腦使用了二〇%的儲備氧氣，增加的氧氣會流入大腦，吸收腦細胞內更多的廢物，使它們更乾淨、更健康。

每天二十到三十分鐘有氧運動，已經證明能夠刺激每個腦細胞軸突分支的生長。你擁有的軸突分支數量和你有多聰明直接相關。所以有氧運動可以讓你更聰明、增加神經系統發育

（新腦細胞的生長），並產生新的突觸（腦細胞彼此交談）。

運動是透過增加血液流進齒狀回（Dentate Gyrus）來做到這一點。齒狀回是大腦海馬回（Hippocampus）的一部分，該區域涉及記憶形成和神經系統發育，因此運動可以增加新的和現有腦細胞的生長及腦內的突觸數量。運動也刺激腦源性神經營養因子（brain derived neurotrophic factor, BDNF）的產生，這會使大腦內的神經元奇蹟式生長，讓它們更健康。

運動可以改善健康並提高生產力

有氧運動還可以促進血液流動、提供身體氧氣、強化心臟。散步、慢跑或跑步等負重有氧運動，可以減低骨質疏鬆症發生的風險。有氧運動有助於降血壓和控制血糖。如果患有心臟病，有氧運動有助於防止病發。

有氧運動還可以增加高密度脂蛋白膽固醇（好膽固醇），並且降低低密度脂蛋白膽固醇（壞膽固醇）。結果呢？減少了動脈硬化斑塊形成。研究指出，經常做有氧運動的人比不常運動的人更長壽。

如上所述，氧氣的作用就像海綿，它吸收每個細胞內的廢物，轉化為二氧化碳。血液將二氧化碳帶到肺部，然後呼出二氧化碳到環境中，清除體內的二氧化碳。有氧運動可以降低許多狀況發生的風險，包括肥胖、心臟病、高血壓、第二型糖尿病、中風和某些類型的癌症。比較健康的人很少請病假、更有活力、少生病，而這可以化為工作上更高的生產力，使你對組織、顧客或客戶來說更重要，這將化為更高的價值，最後賺進更多錢。

運動減低壓力的影響

當我們感受到壓力，身體內部會發生生理上的骨牌效應。負面想法會產生壓力。當身體察覺到壓力，下視丘會增加釋出腎上腺素和去甲腎上腺素。這些荷爾蒙使心臟跳動得更快，讓身體做好戰鬥或飛行的準備。如果壓力揮之不去，十號染色體上的基因CYP17就會被激發。這個基因用於將膽固醇化為皮質醇。身體的幾乎每個部位都會用到皮質醇，目的是整合身體和心靈。身體和心靈接著協調運作，以逃避製造壓力的外部世界危險。

遺憾的是，皮質醇的副作用之一是減少淋巴細胞（白血球）的產生來抑制免疫系統。CYP17基因也激發名為TCF的另一個基因，而它會抑制一種名為介白素2的蛋白質產生。介白素2的目的是使白血球處於高度警戒狀態。白血球是我們抵禦病毒、疾病、細菌和感染身體的任何寄生蟲的主要防線，因此，長期的壓力會損害免疫系統抵禦這些病毒、疾病、細菌和寄生蟲的能力。

如上所述，有氧運動使身體充滿氧氣，增加氧氣就會減低壓力對身體的影響。因為有氧運動透過釋出某些荷爾蒙，有助於整體的安適感，所以它有減壓的作用。有氧運動就像棒球比賽的二壘安打，它減低壓力的影響，同時減低壓力本身。

運動讓我們感覺更快樂

快樂在很大的程度上是由活動驅動的；所有快樂的四〇％是參加經常性的快樂活動帶來的。有氧運動是一種快樂活動，因為它釋出腦內啡，有助於提升整體的安適感。腦內啡是天然的止痛藥，能夠促進安適感增加，讓我們感到「更快樂」。

運動刺激紅血球生成素的產生

紅血球生成素負責在骨髓中產生新的紅血球。新的紅血球有更多血紅素，能攜帶更多氧氣到身體。氧氣可說是大腦、組織和肌肉的燃料。運動可以增加紅血球提供燃料的能力。

運動激發稱為端粒酶的酶

端粒酶保護端粒。端粒就像每個染色體末端的帽子，控制細胞可以分裂的次數。失去端粒的細胞會死亡，稱為衰老。因此，運動可以延長細胞的壽命，讓你活得更久。

運動會增加海馬回中神經組織的數量

海馬回是大腦負責記憶和學習的部分，因此，運動可以提高記憶和學習的能力。

運動可以降低罹癌的風險

每週五天、每天固定運動三十分鐘，已經證明能使癌症發病率從五〇％降低到二五％。

運動會增加信心

運動會提高睾固酮水準，這是一種荷爾蒙，不只可以加快肌肉恢復活力，也能提高信心，讓你感覺更能控制自己的生活。當你覺得更有信心，就會更傾向於尋求挑戰自己的機會，使個人得以成長。信心促進了你對接受新挑戰和學習新事物的渴望，這些都是偉大領導者和白手起家的大富翁天生就有的重要特質。

運動增強意志力

每天運動不只有益肌肉和健康，也能增強意志力和自制力。為什麼意志力那麼重要？意志力耗盡會帶出壞的決策，並導致你陷入舊的壞習慣。

關於意志力的最新科學證據指出，意志力耗盡，也稱為決策疲勞，是吸毒成癮、酗酒、暴飲暴食、不忠、賭博和其他許多惡習背後的原因。當你的意志力消耗殆盡，務必提高警覺。你留下的餘波可能具有毀滅性，例如家庭關係、友誼和工作關係受損、健康狀況不好，以及財務狀況不佳（意志力低下時，人會心血來潮就買東西），使得你的生活急轉直下。所以，你需要透過每天的運動來擺脫惡魔，你和身邊的每一個人會因此過得更好。

監控管理飲食和體重

成功人士有一套最適合他們體重管理的系統或程序。有些系統很複雜，有些則沒那麼複雜，但它們會「管理」他們的體重。管理體重意謂著每天監控食物攝取量，而且每天運動。

不成功的人沒有始終如一地每天控制健康。他們總是在尋找最新的速效飲食觀念，偶爾才會處理健康問題，而且通常靠外來影響力刺激他們少吃或吃得不同，這就是為什麼市面上有那麼多飲食控制書籍。由於幾乎不控制的飲食習慣，所以會一再經歷增重和減重的階段，這種行為會傷害身體，最後健康出現狀況，例如高血壓、糖尿病、心臟病等。

不成功人士以面對飲食的相同方式對待運動，需要某種外力暫時刺激他們。當這種動機消失，他們就會跌回壞習慣，停止運動並導致體重增加，這是他們一生中一再發生的循環。

監控飲食的一種簡單方法，就是吃完每一餐或零食之後計算吃下的卡路里，並且記錄每天的攝取量。開始執行體重管理計畫時，首先要了解你每天吃的特定食物。

執行體重管理計畫的前三十天需要追蹤你吃了些什麼，還要計算每種食物品項的卡路里數。在這三十天，你將能確定哪些食物的熱量高，然後選擇避開食用高熱量食物，至少要經常這麼做。請使用本章最後的追蹤時間表，幫助你追蹤未來三十天的卡路里攝取量。

不要將監控和管理飲食與節食混為一談。它們是不一樣的。

節食在長期體重管理方面起不了作用，原因是它們限制過大、難以持久，而且坦白說，它們帶走了生活中的樂趣。管理食物的攝取並不表示挨餓或永遠不吃美味食物，你可以三不五時吃點美食，不必為此感到內疚。你只需要了解不能每天都吃那些高熱量食物，因為這可能會超過每天的熱量攝取門檻。你需要保持在這個門檻水準內，才能減重或維持體重。心血來潮時，你大可享用你喜歡的東西。但你要明白，吃你喜歡的一些食物可能表示偶爾會超過那天的熱量門檻，只要偶一為之，不是天天如此就行。

監控食物攝取只能讓你在管理體重方面做好一半的事。你必須每週五天、每天至少做二十到三十分鐘的有氧運動。戶外慢跑可以帶來最有效的成果；跑步燃燒的卡路里比室內跑步機、爬梯機或固定式自行車高約三分之一。舉重、仰臥起坐、伏地挺身等則可以補充任何基礎有氧運動的不足，但不能代替有氧運動。

這些運動本身不會幫助你減重，也不會幫助你塑造和調整身材。有氧運動是幫助你減重的最可靠活動，應該是你的運動計畫基礎。早上可能是運動的最佳時間。在一天的工作展開之前運動，比較不可能因為時間安排問題或一天裡通常會發生的衝突而跳過。

下頁的「富習慣體重管理追蹤時間表」是監控體重的絕佳工具，每天只需要花五分鐘就能追蹤。你將開始見到體重管理型態，得以更了解自己的身體和體重控制。完成富習慣體重管理追蹤時間表後的兩個月內，你將能確定個人的每日卡路里門檻，然後管理卡路里攝取量，以減低或保持體重。例如，假設依你的運動量，每日門檻是兩千一百大卡，如果每天攝取的熱量低於兩千一百大卡，你的體重每天都會減低。

小結

我的研究發現，成功人士會管理他們的飲食量，而且每天固定運動。

富習慣體重管理追蹤時間表											
一開始的體重					目標體重			最後的體重			
本月平均每日卡路里目標					本月體重目標						
第幾天	日期	體重	有氧時間（跑步、慢跑等）	重量訓練時間	其他運動時間	早餐卡路里	午餐卡路里	晚餐卡路里	今日總卡路里	本月累積卡路里	平均每日卡路里

★此表可依個人需求放大影印使用。

第16章 第五個富習慣

——設法和立志成功的人建立關係

我們通常會和兩種極端類型的人建立關係：富裕關係（rich relationship）和有毒關係（toxic relationship）。

富裕關係有助於向上提升你的生活。他們總是快樂、樂觀、感恩、熱情、心胸開放、終身學習，有助於提升你的成功機會。有毒關係會拖累你的生活，破壞可能成功的任何機會。

遺憾的是，我們都尋找有共同習慣的人。習慣就像病毒，在我們的整個社群網路中散播。因此，我們會從身邊的人，例如父母、老師、家人、朋友、同事、鄰居、導師、名人、教練等，汲取大部分的習慣。

如果你過重，那麼你的朋友或家人過重的可能性很大；如果你抽菸，那麼你的朋友或家人很有可能也抽菸。這也是為什麼加入 Weight Watchers[9] 等減重團體的人，減重成功機會更大的原因之一，因為你是和同樣想減重的人在一起。

---

❾ Weight Watchers 是總部設於美國的全球性公司，從事「體重管理」服務，並提供各種產品，以協助達到健康的生活習慣。

改變習慣的捷徑之一是改變你的環境，或是那些持續交往的人。經常來往的人是你環境的一部分。如果想養成好習慣，例如每天運動，藉由和已經有每天運動習慣或嘗試養成那種習慣的人來往，如此會提高你的成功機會。這會迫使你生出責任心，而這是改變習慣的關鍵之一。

協同當責（association accountability）通常也稱為同儕壓力。如果想養成好習慣，一個可靠的方法就是針對那種習慣建立一個特定的新同儕團體。新的同儕會對你施加壓力，要求你堅持養成新習慣。

成功人士的特點之一，就是刻意和其他立志成功的人來往。如果親近的人際關係是揮霍無度，他們會限制和那些人在一起的時間；如果親近的人際關係關心他們的金錢，他們會增加和那些人在一起的時間；如果一個人抱持樂觀的心態，他們會像渴馬奔泉那樣衝向他們。

我們經常來往的人，會影響我們生活上所經歷的成功水準。我們可以選擇透過與他人來往而成為富人，或者是透過與他人來往而成為窮人。透過與他人來往而成為富人，這表示我們身邊圍繞著其他立志成功的人；透過與他人來往而成為窮人，就表示我們身邊圍繞著貧困心態的人。

成功人士高度重視他們想要來往的人。對他們來說，人際關係就像黃金。他們對於人際關係就像農民對待穀物每天澆水那樣地記住對方姓名、生日、贈送新生兒禮物，以及經常互動。成功人士設法幫助他們的人際關係及其商業夥伴，即使得不到任何回報。他們專注於他人，而不是自己。

人脈的力量

對成功人士而言，人脈是他們成功的先決條件。他們發展各種系統和流程作為工具，幫助自己建立人脈。他們尋找接觸聯絡人的理由，例如對方生日或祝賀電話、卡片或禮物。他們參加重要的慶祝活動，以及畢業典禮、葬禮和婚禮等人生里程碑。他們和志同道合的人交往。他們不會浪費時間，發展或培養有毒關係。他們減少和有害或破壞性人際關係的所有來往。他們遠離一直處於動盪狀態的人，這種動盪很多時候和財務有關。這些有毒的人擁有壞習慣，可能拖你向下沉淪。

成功人士是建立人際關係的學生。他們立即畢恭畢敬地回覆電話，不斷尋求改善人際關係的方法。

不成功的人通常和其他不成功者或有毒的人來往。他們透過與他人來往而成為窮人，對人際關係有一種「你最近為我做了什麼？」的態度。

奇怪的是，有些人甚至認為故意虧待別人是一種美德。如果一個人對他們沒有立即的價值，他們就會被視而不見，直到有需要為止。生日時沒有電話、電子郵件或卡片；沒有禮物祝賀他們的「朋友」或夥伴生活中的重要事件。

不成功的人不善於建立人脈，不會持續且經常尋求和其他人改善關係。他們不會立即回覆電話，有時根本沒動作。他們在管理人際關係方面採取「滅火」的心態。當危機爆發，他們的生活往往突然發生危機，然後伸手請求援助。他們經常尋求被他們忽視的人幫忙。談到人際關係，他們根本不在乎要投入足夠的時間去發展人際關係。

避開有毒關係

如果你想成功，就需要培養富裕關係，避免有毒關係。

有毒關係有一些獨有的特點：

一、**負面型**：他們總是顯得沮喪、低迷、悲觀、憤怒、不快樂和不知感恩。他們羨慕人生勝利組，嘲笑想要改善生活的任何人。他們似乎總是抱持負面意見。對他們來說，世界是卑鄙、不公平和痛苦的存在。他們用毒品或酒精淹沒自己的悲慘遭遇。他們有非常強烈的偏見，認為生活是不公平的，並且接受主張懲罰富裕和成功人士的任何意識形態。

二、**欺騙型**：他們是永久的騙子，不可信任。他們使盡任何必要手段，設法取得不屬於自己的東西。他們擅長編造真相，是合理化本身壞行為的專家，沒有什麼錯是他們犯的。他們永遠不該受到責備。他們認為別人是標靶、目標，而不是人。

三、**批判型**：他們十分挑剔他人，對每件事情似乎總有意見而加以批評。他們譴責和怪罪社會、政府、父母、學校、老闆、配偶等。一切都有問題。在他們看來，沒有什麼是一目了然或簡單的。他們抱怨生活中的一切和每一個人。他們很少感到高興，也從不對自己擁有的一切感恩知足。

四、背後中傷型：你不能信任這些人。他們不只在尋找自身利益，還有一種瘋狂的習慣，會有意或無意傷害人際關係。他們的自尊心、信心都非常低，不喜歡嘗試改善生活的任何人。他們喜歡說人閒話，沒有長期的人際關係，而且從一個新關係轉移到下一個關係，不管走到哪裡都會造成嚴重破壞。背後中傷型的危險，在於你永遠不知道危險來臨。他們在你面前戴著面具，掩飾真實的自我。你只能在傷害發生之後，發現他們的真正為人。

五、財務火車殘骸型：他們總是負債累累，向朋友和家人借錢，卻從不還債。他們永遠失業，老是處於找工作的狀況，並從一個事業生涯跳到另一個，而且總是有接二連三的緊急狀況，而且他們有個討人厭的習慣，老是在最後一刻求你救他們。結果，他們耗掉你大量的時間和金錢。

六、懶惰型：這類型的人總是尋找全壘打、速效、輕鬆賺錢的方法，他們不想投入時間和心力去取得成功，相信成功與隨機好運有關。他們因為不容錯過的商機而接近他人。他們不會投資時間在人際關係、事業生涯或企業上。他們賭博，求別人把錢投入他們最新的計畫中。他們承受非理性的風險，而不是審慎計算過的風險。

七、受害型：受害型有理所當然的心態，認為人生勝利組有義務幫助在財務上掙扎的人。他們認為富人只是受益於好運，反之，認為自己只是運氣不好的受害者。他們不對自己的生活承擔個人責任，不因財務狀況責備自己。他們覺得生活上受到不公平的對待。

八、上癮型：他們沉迷於毒品、食物、酒、賭博、性、冒險，只要你說得出來的癮頭都有可能。他們無法控制自己的行為，缺乏意志力。他們總是讓你失望。他們的生活一團亂，人際關係一團亂，財務狀況也一團亂。他們就像水蛭，只會榨取你的生命。

成功人士運用一個系統，管理他們的人際關係。有些系統相當複雜，利用最新的技術和軟體。不管你為自己創建什麼系統，設法追蹤每個聯絡人的各類資訊。除了姓名、地址、電話號碼和電子郵件資訊。你還應該記錄其他重要資料，例如職業、生日、配偶姓名與生日、子女名字、就讀的大學、就讀的研究所、就讀的學院等。也要追蹤他們的嗜好、興趣、喜歡閱讀的書籍，以及其他任何重要的資料。「重要」意謂著對你的聯絡人來說很重要。

最常見的聯絡人管理系統是Outlook。幾乎有電腦的人都有Outlook，有些手機甚至連結了Outlook，讓你隨身攜帶聯絡人資訊。

擁有世界上最好的聯絡人管理系統對你沒有好處，除非你善用你的系統。最基本的系統提供一個流程，提醒你聯絡人的生日，好讓你適時祝賀他們生日快樂。

即使你沒有定期和特定的人通訊，這種最低程度的接觸也會使你的人際關係繼續存在。生日祝福電話讓你至少一年一次和聯絡人保持接觸。你的聯絡人可能禮尚往來，因此使你與這個人的接觸頻率提高到一年兩次。

我不曾遇過一位成功人士沒有和我分享同樣令人討厭的小祕密，他們和其他每個人一樣，很難記住別人的姓名。然而為了克服這個難題，成功人士創建了各種系統，幫助他們記住想要記住的姓名。

記住姓名的好方法就是將聯絡人分門別類。例如你可以將聯絡人分為以下幾類：

- 網球聯絡人
- 高爾夫聯絡人
- 保齡球聯絡人
- 俱樂部聯絡人
- 鄰居聯絡人
- 大學朋友
- 商業夥伴的朋友
- 工作夥伴及其家人、教堂或社區聯絡人等

在你可能遇見一或多位聯絡人的任何場合之前，你可以叫出那一類聯絡人群組，在參加活動之前溫習他們的姓名。姓名對我們每個人都很重要，當有人覺得我們夠重要而記住我們的姓名時，我們都會很高興。

小結

成功人士會孕育、發展和改善與其他立志成功人士的關係，並且限制自己與有毒人士有所接觸。

雅德尼的觀點

我的早年導師之一羅恩告訴我，我們花最多時間來往的五個人之平均水準就是我們自己。談到人際關係，不管喜不喜歡，我們都會受到最接近的人很大的影響，這會影響我們的思維方式、自尊和決定。

第17章 第六個富習慣

──每天的生活處於節制狀態

生活節制意謂著過平衡的生活，不走極端。

成功人士避免過度的行為、情緒激烈波動、成癮、沉迷、狂歡作樂、挨餓、奢侈和狂熱的行為。他們抑制想法和情緒的起伏波動，了解需要保持平穩和控制自己的生活。

成功人士了解生活是馬拉松，不是衝刺。他們調整工作時間、飲食習慣、運動、飲酒、看電視、閱讀、上網、電話交談、電子郵件、簡訊收發、對話、娛樂、性關係等，其個性反映了這種適度節制的心態。

他們不會變得過度興奮或過度憂鬱。他們心平氣和，不會勃然大怒或一時雀躍不已，他們溫和的心態使家人、朋友、同事和商業夥伴都感到自在，有助於改善人際關係，也因此人們樂於和他們在一起。所有的事務和他們往來，都讓人感到舒適。

成功人士生活上的吃喝玩樂都有節制。他們的住家、汽車、個人物品、假期等並不奢侈，這和許多人認為的恰好相反。巴菲特是世界上最富有的人之一，卻住在五十五年前他婚後的同一棟房子。他的房子不豪奢，沒有柵欄或圍牆。雖然擁有私人飛機事業，但他更喜歡乘坐商業航空公司的飛機。他每天開自己的車上下班。巴菲特每天表現這個富習慣。

不成功的人生活走極端行為。他們暴飲暴食，對事件反應過大。他們任由自己的情緒以極端方式失控擺盪，而這在他們的人際關係上造成巨大的衝突和痛苦。諸如憤怒、快樂、愛、恨、嫉妒和豔羨之類的情緒都不能好好控制，一旦最重要的人際關係岌岌可危，他們可能瞬間陷入困境。他們沉迷於飲食、性、毒品、八卦、個人財物、自己的意見、想法和行動之中。

不成功的人幾乎控制不了自己的生活。他們的情緒波動激烈，導致健康、人際關係和財務緊張。他們有「輸人不輸陣」的心態。他們的支出型態不斷受到其他人的影響，如果因為某種原因而取得一大筆錢，他們會把這些錢花在購置大房子和昂貴的汽車上，好向人炫耀。抵押貸款和其他貸款使他們在財務上感到吃力。為了維持既有的生活方式，有許多人拿他們的房屋再融資。

失業、暫時性殘疾或收入突然下降等意外事件會導致立即性的財務災難，因為不成功的人寅吃卯糧。他們沒有儲蓄或建立財務安全網的習慣。他們的優先要務是不合時宜的。他們無法過節制有度的生活，無法正確安排各種需求的優先順序或者量入為出。

小結

成功人士做每件事都節制有度。他們避免漫無節制。

雅德尼的觀點

過著節制有度的生活，讓你在生活中找到並享受平衡。節制有度的反面是生活在極端之中，而且有趣的是，太多的好事通常會失去樂趣。

你也知道……花錢向人炫耀自己有多少錢，是讓錢變少的最可靠方法。錢能買汽車、衣服或珠寶等「物品」，但財富是你看不到的東西。富人建立資產給自己財務自由，例如現金、股票、債券、房地產，這些都能買到自由和安全。請明智地選擇你要什麼。

第18章

第七個富習慣

——每天都會針對目標採取行動

不管我們是否注意到，每個人的內心都會打兩場戰爭：採取行動或推拖延遲。推拖延遲甚至阻止了最有才華的人在生活上取得成功。大多數人都有這種窮習慣，而大多數人生活上財務困難並非偶然。

成功有許多影響要件，推拖延遲就是個很大的影響要件。推拖延遲的主要原因之一，是對自己賴以維生的事情缺乏熱情。我們就是喜歡做喜歡的事，卻推遲不喜歡做的事。做我們不想做而必須做的一些事，會有恐懼和害怕的感覺。所以我們會推拖延遲，直到不去做我們恐懼和害怕的事情產生後果的痛苦，超過了去做的恐懼和害怕。

推拖延遲是大多數人生活上財務困難的一個重要原因。

它傷害了我們在雇主、工作同事心目中的可信度，也影響了我們的工作品質，進而影響我們或雇主從顧客、客戶和商業關係中獲得的業務往來機會。

推拖延遲將我們貼上不可信任或工作成果差的標籤。更糟的是，推拖延遲會導致訴訟，造成壓力和可能高達數萬美元的財務成本。

成功人士針對夢想和目標採取行動。當我們對自己的夢想和目標採取行動時，它會驅使我們在人生中往前邁步。行動會產生漣漪、激起回饋，而且對於了解自己是走在正確軌道還是錯誤軌道上至關重要。這種回饋能使我們進行調整，改弦易轍。行動孕育快樂的感覺，它減輕了壓力，而這種壓力是不做我們在生活中應做之事的副產品。

不成功的人會推拖延遲，結果產生需要立即關注的問題。他們的生活需要不斷滅火。推拖延遲提高了忘記重要事情或在緊急情況中處理重要事務的風險，有可能發生失誤、差錯和法律責任的風險，進而導致訴訟。

推拖延遲妨礙我們前進。這是大多數人卡在生活中進退不得的原因。

不管銷售什麼服務或產品，推拖延遲會導致品質不良。不成功者的生活雜亂、混沌且錯綜複雜。他們無法實現很多事，因為要不斷滅火。他們只能被動因應外部力量，因為這需要他們立即注意。他們無法控制自己的生活或安排每日行程，常感到無能為力和漫無方向。

推拖延遲是恐懼和害怕造成的。我們因為害怕痛苦而不敢採取行動。痛苦是指完成任務或目標所想像的身心上的努力。這也是採取行動的後果，因為所有行動都會激起回饋的漣漪。有時回饋很好，有時很糟。我們擔心負面的回饋，但這對生活的成功至關重要，它讓我們知道自己是否走在正確或錯誤的道路上。

對那些習慣性推拖延遲的人來說，採取行動的痛苦超過不採取行動的痛苦。習慣推拖延遲的人會分心去做要求不是那麼嚴苛或痛苦的事。但我們的潛意識、以前的大腦從來不允許我們忘記有未完成的任務。它不斷嘮叨著，提醒著未完成的任務。它透過壓力做到這一點，這是我們生理機能中內建的無意識先進預警系統。

潛意識直覺上知道，完成那項任務對於幫助改善生活很重要，執行任務推拖延遲只會產生負面影響，傷害我們的生活。大腦透過壓力敦促我們採取行動，在我們採取行動之前，這種壓力揮之不去。壓力會產生一種不快樂的狀態。因此，推拖延遲引發了不快樂。

信不信由你，在生活表現出色的人心中以及生活不是這樣的人心中，推拖延遲的聲音同樣清楚地尖聲高叫，差別在於成功人士如何讓推拖延遲的聲音化於無形。

這裡有五種工具，可以幫助任何人使推拖延遲的聲音永遠沉寂下來。

工具一：待辦事項清單

在我的研究中，成功人士通常依賴「待辦事項清單」來協助他們完成工作。每日待辦事項有兩類：

一、**待完成目標事項：**這些是和每月、每年、長期目標相關的日常任務，其性質上幾乎總是固定的，表示清單上每天都會顯示相同的待辦事項，例如「撥打十通業務開發電話」。

二、**待完成非目標事項：**這些是和任何目標無關的待辦事項，可能是行政管理任務（例如回覆電子郵件）、客戶端任務（也就是和客戶會面）或日常責任（例如去銀行辦事）。它們可能是固定的日常任務，或者可能每天都不同。

工具二：每天五件事

成功人士每天將當天要完成的五件事收進每日待辦事項。每天五件事可以是與工作無關的五件事，也可以是每天做的五件事，促使你達成某個目標或實現某個夢想及目的。

工具三：設定和溝通人為截止日期

當我們設好截止日期，並傳達給受到完成任務直接影響的第三方，我們就會提高完成該項任務的緊迫性。這會使得該項任務從單純的「待辦事項」，升級為對另一個人的承諾。它迫使我們兌現承諾，在最後期限前完成任務。

工具四：當責夥伴

當責夥伴是我們經常見面的人（例如每週一次），他們會押著我們去完成任務。他們可以是一人或多人。知道有其他人逼著我們負起責任去執行某些任務，也會使那些任務從單純的「待辦事項」升級。當我們知道有人正緊盯著，表現都會更好。

工具五：肯定「立即動手」

沒有人喜歡被嘮叨。不管我們是否注意到，嘮叨會改變我們的行為。當一再被嘮叨時，我們會傾向於完成不想做的某件事。肯定「立即動手」是一種真正有效的自我嘮叨技術，透過一遍又一遍重複說「立即動手」，我們實際上是在嘮叨自己。我在研究期間發現這個工具時，開始用它來嘮叨自己做經常推拖延遲的事情，例如準時付款。現在我要做的只是肯定去做，以便嘮叨改變自己的行為，強迫完成某項任務。

你是這場內心爭戰的總司令。指揮你的部隊。採取行動。你只能透過對你的目標和夢想採取行動來贏得這場戰爭。**克服你對採取行動的害怕和恐懼**。

不要推拖延遲或延誤任何一天應該執行的各種活動。每當推遲某件事的想法進入腦海，馬上透過說「立即動手」或使用上面提供的其他任何策略，把那個想法甩到一邊去。找到適合你的方法並且使用它。甚至不要讓推拖延遲的想法有第二次生命。

一旦你完全參與一項活動，很快就發現自己融入活動中，而且推遲任務的所有想法都會消失。你在完成任務時會感到興奮，同時覺得控制了自己的生活。

小結

成功人士不會推拖延遲，他們會使用各種工具和策略來消除這股聲音。他們有「立即動手」的心態。因此，他們會回應客戶、病患、商業夥伴、家人和朋友的要求。

雅德尼的觀點

當你學會把推拖延遲視為一種窮習慣，而不是一種選擇，你就走在成功的路上。

第19章

第八個富習慣
——每天運用富思維

你去過賽馬場嗎？如果你去過，就會知道比賽開始之前，馬匹是在混亂之中被引導到牠們的起跑柵門。大門關閉著，直到鳴槍，柵門才打開，馬兒有如從槍中射出的子彈，直奔向終點線。

但是在柵門打開之前，什麼事都沒發生。直到柵門打開，比賽才開始進行。

對大多數人來說，他們的隱喻柵門一生都沒打開過。思維擋住了他們，不能起跑去努力實現目標和獲勝。

你用負向思維或正向思維看世界？

任何經常重複的心理想法都會成為習慣性的想法。**習慣性的想法指引你表現出某些可能是好是壞的行為**。只要你的思維陷入負面、悲觀、不接納新觀念，而且被限制性的信念壓抑住，你將永遠不會起跑奔向終點線。

這場比賽代表追求和實現你夢想背後的目標，終點線則表示實現這些夢想。九九％的人不衝出柵門，因為他們的思維阻礙了他們。

根據最新科學研究顯示，透過創造性思維（更為人知的名稱是「洞見」〔insight〕）才有解決複雜問題能力，負面思維會抑制你清晰思考的能力。

不快樂的人往往會抱持不快樂、悲觀的想法；而相反地，快樂的人往往會有快樂、樂觀的思維。認知心理學家稱這個透過負面或正面鏡頭看世界的傾向為「情緒一致性」（mood congruency）。當看世界的鏡頭是負面的，你的焦點就會縮小，除了自己的問題，什麼都看不見。你將無視於各種解決方案和機會。負面的心理觀點會使人坐井觀天，限制創造力。

如果你是在生活中為財務苦苦掙扎的人之一，那麼負面的心理觀點就像汽油，助長了負面的火焰，使得失業、貧困或接近貧困的生活永久化。

相反地，根據同樣的科學證據，正面的心理觀點會增進創造性解決問題的能力，擴展了你的思維和意識。它開啟你的心思，看到各種解決方案和機會。如果你是窮人，正面的心理觀點是你擺脫失業、貧困或接近貧困生活的唯一途徑。

成功人士正面、熱情、充滿活力，大多是快樂和生活平衡的人。他們感到強而有力、一切都在掌控之中、自信且充滿活力。這不是偶然的。他們是富思維的信徒。自我對話時，他們使用的言語振奮人心，而不是一味地批評。他們使用正面的肯定，強化自己的態度和創造正面的心態。問題發生時不會貶低自己，他們會採用富思維，認為問題和障礙正是掌握機會與學習的經驗。

成功人士控制他們的想法。好想法會立即取代壞想法。他們很清楚讓一個壞想法有第二次生命，會使它們生根茁壯，最後會以負面方式改變他們的行為。所以他們以正面的好想法餵養心靈，讓它們生根，最後開花，終有一天結果。

成功人士也使用視覺化技術改變或強化他們的心態。和你可能以為的恰好相反，成功人士也有陰暗可怕的想法進入腦海。

我們不斷受到各種媒體轟炸，有那麼多負面消息，他們怎麼可能沒有壞想法竄入心底？媒體每天餵給我們負面想法。負面資訊引發恐懼、焦慮和不安，我們很容易成為這種負面想法的犧牲品。成功人士懂得這點，所以盡量減少閱聽充滿負面消息的電視、廣播或網站。相反地，他們閱聽具有建設性或令人振奮的節目，閱讀正向的報章雜誌文章，遠離負面訊息。

他們會控制每天看到和聽到的內容。

最後，**成功人士對生活給予的一切表示感恩**。他們每天都會表達謝意，通常是在睡前或早上醒來時。

有些人甚至保有一份清單，每天都要讀上面列出必須感謝的一切。

為什麼感恩那麼重要？

感恩是通向樂觀和正面心理觀點的門戶，它強迫你感受生活中的美好事物，像是我的汽車今天順利發動、我能養活家人、我有房子可住、我健康、我還活著、我有一個充滿愛的家庭等。當你將思想轉移到生活中的美好事物，就會促使大腦開始從負面轉向正面。

如果每天表示感恩，那麼最後你的正面心理觀點會壓倒負面心理觀點。感恩使你從負面鏡片改用正面鏡片去看世界。當這種情況發生時，你會開始看到各種解決方案，而不是問題。各種想法會湧入你的腦海，幫助你擺脫失業、貧困或接近貧困。

每天表示感恩並不是虛假偽造的新時代胡言亂語，這是將充滿限制的生活，轉變為充滿無限機會生活方式的管道。

不成功的人有一種負面的心理觀點，他們批評自己和接觸到的每個人。他們往往是自己和其他人最糟糕的批評者。他們抱持負面、破壞性的思維，允許壞想法進入心裡並生根，最後產生壞行為。他們缺乏動力、熱情，而且常常陷入連續好幾天或好幾週的精神抑鬱狀態。他們從電視或網路看了太多負面內容。他們會買標題意圖激起負面情緒的報紙，而且經常瀏覽負面網站。他們感到絕望和無能為力。

如何判斷持有負面的心理觀點？

症狀如下：

- **受害的心態：**不成功的人認為他們的財務狀況是由無法控制的力量所決定的，例如華爾街、意圖讓他們窮困的富人、政府政策、經濟、壞學校、在不好的社區長大成人、運氣欠佳等。

- **封閉的心態：**不成功的人心靈封閉，不願接受新觀念、新思維或意見。白手起家大富翁的特點之一就是能夠對新觀念、新知識和新思考方式抱持開放態度。
- **意識形態的制約：**不成功的人堅持的意識形態，使他們無法成長而擺脫貧困，他們認為富人是壞人、金錢是一切罪惡的根源、生而貧困的人無法擺脫貧困、要接受大學教育才能脫貧等。如果我們能夠摒棄意識形態的制約，就能擴大思維而成長發展。
- **知識的制約：**不成功的人認為他們不聰明，而這正是他們貧窮的原因之一。每個人都有成為天才的潛力。我們天生都有天才的基因。我們相信自己缺乏智慧，無法擺脫生活上的財務狀況，結果關閉了那個基因的開關。
- **立即滿足：**不成功的人尋求短期解決長期問題的方法。他們玩樂透、運動賭博或上賭場，希望靠贏錢作為退休生活之用。脫離貧困和創造財富需要時間，但迎接大船入港的唯一方式，就是建造一座夠大的碼頭讓它下錨。

「正面肯定」是幫助我們改變心態最成功的技術之一。它重新設定我們的舊腦，也稱為潛意識。我們的舊腦存在比我們的新腦（我們的新皮質，也稱為有意識的大腦）多達數百萬年。它比新腦要強大多了，其功能之一是在我們不知情的情況下指導我們的行為。當我們使用正面肯定來重新設定舊腦，它會在幕後運作，改變我們的行為。它以直覺和洞見的形式向我們發送訊息。直覺和洞見使我們調整並改變跑道。

正面肯定的例子

- 我每天完成「待辦事項」清單。
- 我實現了目標。
- 我很幸運。
- 我很成功。
- 我一年賺三十萬美元。
- 我在長灘島有度假屋。
- 我是公司資深高階主管。
- 我從收入或儲蓄支付孩子的大學學費。
- 我熱愛自己的工作。
- 我喜歡和別人共事。
- 我很有自信。
- 我有很大的人際關係網。
- 我每個星期打電話給父母。
- 我是認證合格會計師。
- 我過著節制有度的生活。

正面肯定代表的景象是你希望成為什麼樣的人、希望做到的事情、希望擁有的資產，或者希望終有一天獲得的收入。它們必須具體且是現在式才有效。列出正面肯定的清單並隨身攜帶，早上、下午和睡前各溫習一次。讓這些正面肯定每天滲透到你的腦海。它們代表你最正面、最好的想法，而且最後會生根。

各種事件和狀況將開始現身在你的正面思維中，各種機會似乎會憑空而來。

小結

成功人士避免負面思考。他們每天都運用富思維。

雅德尼的觀點

有負面想法是很正常的，而當有什麼事情困擾著你，你知道不要將它放在心上，說比做容易。但是在心裡一而再、再而三重溫負面想法，會讓人不快且適得其反，所以，請注意柯利在本章所提的重要建議，並培養富思維的習慣。

第20章

第九個富習慣

——把收入的一〇%先存起來，靠其餘的九〇%過生活

成功人士先付錢給自己

成功人士在支付任何帳單之前，會先將至少一〇%的收入存起來，拿去投資或投入退休工具。他們明智地投資金錢、定期檢視自己的投資，並設定切合實際的投資報酬率目標。

他們有很高的信用評分，知道自己的財富淨值，並且監督自身的個人資產負債表。他們只借重最合格的財務專業人士來讓他們的報酬率達到最大值，並使稅負減到最小。他們利用合格會計師、合格財務規畫師或律師等專家的服務。他們聘用這些專業人士，幫助他們管理金錢和稅金。

成功人士訂有退休計畫

他們在法律允許的最大範圍內參與退休計畫。許多退休計畫允許個人每年以延後繳稅的方式儲蓄收入的一大部分。如果公司沒有提供退休計畫，他們會將錢投入個人退休帳戶，自訂退休計畫。

他們每次拿到薪資，就會把一部分錢投入這些帳戶。他們訂有退休目標，定期監督退休

計畫，並且矯正方向，以達到退休目標。

不成功的人最後才付錢給自己

他們是名符其實的月光族，花掉每一分錢以支持自己的生活方式。他們存款不足且負債過多。他們辦理房屋淨值貸款，花掉借來的錢。他們刷爆信用卡，幾乎無法支付每個月的最低繳款額。他們的信用評分很差。

不成功的人不會提撥資金到退休計畫。有些人賭過頭，把買樂透彩視為退休計畫。他們承受不必要或未經深思熟慮的風險。他們沒有撥出至少一〇%的收入，因此當他們到達退休年齡，沒有足夠的退休儲蓄讓他們在有財務保障的情況下安享晚年。

他們合理化無法存下收入一〇%的藉口，不願改變生活方式，以便儲蓄夠多的錢。一般情況下，不成功的人別無選擇，只能繼續工作到退休年齡之後，或者依賴家人或政府資助。

小結

成功人士先付錢給自己，將收入的至少一〇%存起來或投入退休計畫。

雅德尼的觀點

致富之道是花的錢少於收入，把差額存起來，等存夠了錢，拿去為未來投資。先付錢給自己，其餘才拿去花用，是重要的富習慣。另一方面，一個常見的窮習慣是花錢過生活，剩下的才存起來。問題是，他們很少留下什麼錢。

第21章

第十個富習慣

——每天控制自己的言辭和情緒

不是每一個想法都需要說出口，而且不是每一種情緒都需要表達出來。

成功人士是其言辭和情緒的主人，他們了解心裡有什麼想法都說出來，可能會傷害和某些人的關係，而那些人本來能幫助他們邁步向前，實現夢想和目標。

他們不會成為憤怒、嫉妒、興奮、悲傷或其他小情緒的犧牲品。他們拋棄所有壞情緒，甚至不允許它們再來一次。他們了解負面情緒會使他們做出壞決定，造成不良後果。他們用正面情緒取代壞情緒。當有困難情況出現，他們會使用這樣的方法：思考、評估和反應。思考讓他們有時間了解情況；評估情況會爭取到更多時間，以確定正確行動方案；反應是他們做的最後一件事，而且很可能是適當反應，因為他們花了時間去選擇如何反應。

每天使用的言辭會產生感知

言辭就像磁鐵，把各式各樣的人吸引到我們身邊。

富人早在富有之前就知道這一點。懂得運用的言辭愈多，傳達所知事情的能力就愈好。

如果想要創造你很聰明的感覺，就必須增加言辭方面的知識，並使用在談話中。學習新言辭有助於個人成長，它們增強你的信心。它們會改造你。

成功人士在和他人溝通時，非常注意言辭的使用。他們選擇不冒犯別人的言辭，並且強化他人對自己的感知，也強化他人對自身的感知。成功人士太忙了，不能陷入負面的情緒狀態。他們投入富有生產力的活動，讓心思不致糾結在麻煩事物上。他們不斷參與各項專案或自我改善活動，以促進對自己的正面感受。成功人士覺得自己可以完全控制情緒。

不成功的人不注意他們每天使用的言辭。他們無意間使用冒犯他人的言辭，破壞了人際關係。他們的言辭會在別人眼中製造對自己不利的感知。不成功的人成了小情緒的犧牲品。他們任由情緒主導行為，變得容易沮喪，感覺好像無法控制自己的生活。他們還沒思考就做出反應動作，養成「預備、射擊、瞄準」的壞習慣。因此，世界各地的監獄中有許多不成功的人。

小結

成功人士控制他們的言辭和情緒。

第22章 第十一個富習慣

——做自己喜歡的工作

我們大多數人都是非常好的追隨者，別人說什麼就照做不誤。我們習慣去做被告知的事情，這種習慣在人生早期就已形成。為了我們好，父母要我們做不想做的事：早起上學、吃青花菜、做家庭作業、幫忙家務等等。我們從很小就學習要聽話照做。

但後來我們長大成人，生理上的變化始於十四歲左右，持續到約二十一歲。注意到這種轉變的一些父母慢慢開始將我們的人生決策權交給我們。他們鼓勵我們負起個人責任，讓我們犯錯，體驗人生的一些嚴酷現實，並在事情出差錯時，隨時準備提供建言和指導。

遺憾的是，像這樣的父母屬於少數。大多數人繼續控制孩子的生活，直到二十多歲，妨礙他們成為獨立的思考者和行動者。他們有時被稱為直升機父母。我們接著追求父母的目標和夢想，而不是自己的目標和夢想。我們把梯子放在父母的牆上，終生大部分時間往上爬。

某些時候，我們發現正在做的事情讓人不快樂，而且對所做的工作感到苦惱或沮喪。當我們有了孩子，這種不快樂通常在三十五歲或接近四十歲時開始出現。我們進退不得，因為相信自己別無選擇，只能繼續攀登父母的梯子才能養活全家。

如何掙脫得到自由？

你要怎麼把梯子從別人的牆上移開，放到自己的牆上？

成功的人追求他們喜歡的工作。因為正在做自己喜歡的工作，會投入更多時間。他們被貼上「工作狂」的標籤，這有點矛盾，因為他們真的一點都不覺得自己工作很賣力。他們樂在工作，做起來既有趣又愉快。他們期待工作，也因為花了更多時間而成為專家。

成功人士發現生活中可賺錢的利基，使他們因熱情而活力充沛。熱情給他們參與活動的渴望，直到成為專家。有了熱情，他們能挺過各種錯誤，學習哪些事行得通、哪些行不通。

不成功的人把梯子放在別人牆上

不成功的人不喜歡做賴以謀生的工作。窮人中最窮的人通常討厭自己賴以維生的工作，因此，他們勉強投入最低限度的心力以保住工作，只求能夠餬口。由於他們勉強投入最低限度的心力在工作上，所以不曾成為所做事情的真正專家。

你需要針對目標和夢想採取行動，不管是清晨、深夜還是週末，都要投入一小段時間，追求自己的目標和夢想。如果每天花一些時間（任何時間），就有可能攀登自己的牆。一開始需要遵守若干紀律。不過一旦你踏出去，熱情能量將取代意志能量。這種熱情只會繼續促使你成長並激勵你。最後，你的每日投資將使你在梯子上爬得更高，愈來愈接近牆頂。在攀登自己的牆時，你會開始覺得快樂和熱情洋溢。

專家因為他們的知識和技能而獲得最高的報酬。專業知識擴展我們的手段（收入），使得我們能夠與時俱進，累積巨額財富。我們練習得愈多、賺的錢愈多，累積的財富也愈多。總有一天，我們練習的事情成為一種習慣。

習慣的美妙之處在於它們讓我們瞬間想起某件事，以及不費吹灰之力就展現自己已經完善的技能。充滿熱情的練習，可以完善我們的知識和技能，以防止表現欠佳。熱情是成功人士的頭號以及到目前為止最重要的特性。它是將普通人化為卓越個人的催化劑。

你追求真正熱愛的事物時，生活會變得更美好。當一件事情一週七天、一天二十四小時占滿你的思緒時，你便曉得自己已經找到真正熱中的事了。它會耗用你醒著的時刻和作夢的時間。為什麼熱情那麼重要？

- 熱情使人鍥而不捨。
- 即使是最懶惰的人，熱情會將他轉化為工作狂。
- 熱情為你注入創造力。
- 熱情讓你克服錯誤和失敗。
- 熱情將如山大的障礙鏟成平路。
- 熱情產生非強迫性專注，而這是最強大的專注類型。
- 熱情給你無限的精力。

●熱情產生極端的意志力，而這是最強大的意志力類型。

雖然少了熱情，人生還是有可能「表現不錯」，但是沒有熱情就永遠無法發揮全部的潛力。你的成功將受阻，只能達成其中的一小部分。

找到生活中的熱情，應該是你的主要關注焦點，因為有了熱情，所有的願望和夢想最後都將成真，它強迫你成長為需要成為的人，成功才會來敲門。這是成功的第一張骨牌。

●熱情使得其他所有的成功骨牌動了起來。
●熱情勝過教育。
●熱情勝過工作倫理。
●熱情勝過智慧。
●熱情勝過營運資金。
●熱情勝過技能和多年的技術熟練度。
●熱情勝過缺乏熱情的人在生活中可能擁有的任何優勢。

對某件事充滿熱情的少數人就是會擊敗缺乏熱情的人。這甚至說不上是競爭。熱情就像電燈開關，打開時，它會觸發其他成功特徵的骨牌效應，是所有成功的催化劑。熱情讓你克服每一道障礙、每一個錯誤和每一次失敗。沒有什麼能阻擋充滿熱情的人。充滿熱情的人永遠不會放棄，所以永遠不會失敗。

小結

成功人士想方設法做自己喜歡的事而賺錢。

雅德尼的觀點

我們都聽過這句話：「做你喜歡做的事，這輩子將不用再工作。」我知道我非常喜歡自己所做的事，而且有幸靠它過上好日子。但是請注意，這並不表示你的整個事業生涯都是在公園散步，也不表示你不必努力工作——你需要努力工作。富人努力工作，並拿錢去投資，好讓錢最後為他們賣力工作，如此一來，他們就不必再賣力工作。但有趣的是，一旦富人達到那一點，他們通常會繼續工作，因為那是他們的熱情所在。

第23章 第十二個富習慣

——永遠不會放棄夢想

最能堅持不懈的人有最成功的人生，而且累積最多財富。**堅持表示絕不放棄夢想**。成功人士追求他們的夢想，直到成功、死亡或失去工作能力。連破產或離婚都不能阻止他們追求夢想。

堅持不懈表示每天都針對夢想背後的目標採取行動，不管我們是否喜歡。這表示永遠不屈服於我們的懷疑之心。有些日子順遂，但追求夢想的大部分日子都不會那麼順利。情況真的就是這樣。

實現夢想需要時間和堅持不懈

在情況不順遂的那些日子中，我們的思緒充滿懷疑。成功人士有別於其他人的地方是，即使日子不順遂、心裡充滿懷疑，他們仍然堅持不懈。

堅持不懈表示儘管犯了所有錯誤，我們仍然繼續執行任務。成功人士視錯誤為學習經驗。堅持不懈意指我們在一次又一次毀滅性的失敗之後，還是振作起來、重新開始。只有在放棄時，我們才會失敗。

堅持不懈表示即使遭到拒絕或忽視也不會阻止我們前進。當我們追求夢想，就要面對拒絕，以及遭到忽視。這是整個過程的一部分，不用放在心上。我們需要抽離情緒。當我們被拒絕或遭到忽視時，只需要說「下一步」，然後繼續往前走就行了。

堅持不懈表示不允許分心轉移我們的注意焦點。我們很容易讓分心阻礙了前進。成功人士不讓自己分心，他們專注於重要的事情上，往大處著眼，就像個力場，路上所有令人分心的事物都會轉向。

堅持不懈表示不讓恐懼阻止我們走在正軌上。恐懼是大多數人放棄夢想的主要原因。成功人士養成即使害怕也會採取行動的習慣。

大多數不成功的人不去追求自己的夢想。他們受阻於害怕和懷疑，對自己不夠信任，以至於放棄追求夢想。他們的限制性信念會說自己不夠聰明、沒有接受夠多的教育、努力不夠，或者沒有能力追求夢想。

少數確實努力追求夢想的不成功者，最後還是放棄了夢想，他們成了前面提過的閃亮新奇事物症候群的受害人。當某件事沒有立即得到回報，他們就會轉向吸引他們注意的事物。事情變得艱難時，他們的注意焦點會轉移到其他事情上。

不成功的人永遠追逐新事物，因為他們以前追求的事物沒有立即得到回報，或是太難，或只是花費的時間遠超過預期。

小結

成功需要時間。成功人士永遠不放棄。長期堅持不懈是成功的要件。

雅德尼的觀點

沒有人生來注定失敗，但在我看來，如果你不曾失敗就無法成功；今天成功的人，沒有人之前不曾失敗。

成功的人知道失敗時最好不要放棄。他們會再次站起來。你失敗得多嚴重並不重要，只要堅持不懈就會成功。

請記住邱吉爾（Winston Churchill）的名言：「絕不屈服——絕不，絕不，絕不，絕不，事無巨細，不分輕重，除了出於榮譽的信念和正確的判斷，絕不屈服。絕不屈服於暴力；絕不屈服於敵人明顯的壓倒性力量。」

第24章

第十三個富習慣

——只接受正面信念，消除所有的負面信念

為什麼富者愈富而窮者愈窮？為什麼這一代到下一代都窮？答案在於我們的信念。

我們的信念可以創造財富，或者創造貧困。如果相信自己聰明，那是對的；如果相信自己愚蠢，那是對的；如果相信人生可以隨心所欲，那是對的；如果相信人生是一場鬥爭，那是對的。**我們相信什麼，決定自己在人生中成為什麼樣的人**。

我們的信念深藏在舊腦中，也稱為潛意識。我們的舊腦和新腦（有意識的心靈）天差地遠。舊腦比新腦有力量，它是大腦中能同時執行多項任務的部分，同時控制我們的自主系統、引導我們的行為、儲存習慣，也是情緒的所在，並儲存了我們的信念。

信念代表我們的舊腦所接受的情緒化思維設定。如果想改變生活中的處境，就要從改變信念做起。為了做到這一點，我們需要創造正面的情緒化思維，避免負面的情緒化思維。

我們的信念來自日常習慣

每個人都從父母、環境和教養過程中承襲某些信念，指引我們在生活中的行為、思考、

情緒，以及做出的選擇。當這些信念封閉我們的心靈，不去接納新觀念、新知識和新思維方式，它們就會在生活中綁住我們。它們抑制了我們作為個人的成長能力。要判斷我們的信念是否阻礙個人的成長，一個方式是看我們對新資訊或新發現的反應。如果下意識反應是立即將任何新資訊視為虛假不實，那麼我們就存在了思想保守、限制性的負面信念。

成功人士的特點之一，是他們能對新觀念、新知識和新思維方式抱持開放態度。他們能夠拋棄限制性負面信念，擴展他們的思維，以求成長和進步。

不成功的人有限制性的負面信念，使得他們在生活中踟躕不前。這些信念就像路上的停止標誌，阻止他們追求信念告訴他們不可能做到的任何事情。

我們的日常習慣反映了我們的信念。因為「我不聰明」，養成了不學習、不傾聽和不專注的習慣；因為「我沒辦法減肥」，養成了吃太多、隨便亂吃和不運動的習慣。

信念是以兩種方式形成：

一、透過一再重複的設定，可能來自內心（我們的想法），或者來自父母、老師、朋友、家人等關係的外部影響。

二、透過牢牢繫於強烈負面情緒（失敗事件引起的失望）或強烈正面情緒（成功事件引起的快樂）的生活事件。

每個人的人生早期階段都充滿錯誤和失敗事件：我們投入新的活動，在活動中犯錯或失敗。這些錯誤和失敗是人生告訴我們做錯某件事的方式，它們並不意圖對我們的餘生造成負面影響。它們的目的是教導我們不該做什麼事，對我們的餘生產生正面影響。

遺憾的是，我們身邊的人、父母、朋友、老師等無意中採用破壞性的批評，影響大多數人的餘生。這種批評的陰影揮之不去，因為它和負面情緒綁在一起。一旦負面情緒和破壞性批評結合，就成了限制性信念。

父母、老師、公司經理和權威人士都有能力消除子女、學生和員工的這些限制性信念及壞習慣。我們都需要正面鼓舞人生中有能力影響的每一個人。一個人只要給另一個人新的信念去相信，進而永遠消除對應的日常壞習慣，就能改變他的整個人生。

以下是一些限制性信念，可能成為你人生的絆腳石：

- 窮人不能翻身致富。
- 有錢人運氣好，窮人運氣差。
- 我不聰明。
- 每個人都覺得我醜。
- 我的錢從來不夠用。
- 我什麼事情都做不好，嘗試的一切都失敗了。
- 大家不喜歡我。
- 我做事沒有章法，也缺乏紀律。

- 我不擅長（請自行填空）：學業、烹飪、工作、閱讀、人際關係等。
- 我沒辦法減肥。

這每一個限制性的信念有如個人的迷你電腦程式，以負面方式改變我們的行為。這些限制性信念決定了我們的生活。如果我們不快樂，希望改變生活中的處境，我們就需要以令人振奮的正面信念取代這些限制性信念。這是可以做到的。

重新設定潛意識的策略

有一些強大的策略可以重新設定潛意識，並徹底改造生活。如果你遵循這些策略三十天，重新設定會持續存在，你的心態將從負面轉為正面。

五年後給自己的信

五年後給自己的信很有趣，它會啟動想像力，而且當你寫好之後，會立刻覺得自己好棒。孩子們特別喜歡做這種事。以下是它的運作方式：

想像一下，五年後你正寫信給自己，說明五年後的生活像什麼樣子。在完美的世界裡，你希望五年後的生活看起來像什麼？你想要畫出五年後的生活畫面是完美、理想的生活。如果今天你能手指一彈，那會是你想擁有的生活。在你的信中描述居住的地方、住在什麼樣的房子、開什麼車、靠什麼生活、賺多少錢等。描述一下你在過去五年內所做的事情，包括你已完成的目標以及成真的夢想。**五年後給自己的信將成為未來生活的藍圖。**

寫自己的訃聞

這個練習強迫你評估現在的生活，並給自己機會為未來重寫腳本。你希望完美的訃聞怎麼說你？你希望世界如何記住你？包括你想要在一生中完成的所有事情。想寫什麼就寫什麼，不要客氣。列出你一生中實現的所有夢想。你的訃聞應該讓你對自己肅然起敬。真的把它們寫出來，讓它們彰顯你的偉大和成功，描繪你想成為的理想人物。就像五年後給自己的信，就讓這篇訃聞成為你理想的未來生活和未來的你的藍圖。

列出願望和夢想

列出你希望實現的每一個願望或夢想，然後縮減成你希望在未來五年內實現的頭五個願望或夢想。

針對願望和夢想創建目標

目標幫助我們專注於實現夢想。目標有助於釐清我們在生活中想要實現的事。目標就像放大鏡，將陽光聚焦。目標有助於我們聚焦在必要的活動上。一旦確定了所需的行動，你就有了目標。唯一剩下的問題，就是你有沒有能力執行所需的行動。

創建成功日誌

這本日誌收錄你在生活中取得的所有成功，目的是制止所有人似乎都會有的負面自我批評。正面思維會積極地重新設定我們的舊腦，吸引美好事物到我們的生活中。負面思維會消極地設定我們的舊腦，吸引不良事物到我們的生活中。成功日誌有助於將我們的思維從負面轉為正面。當我們閱讀生活中的所有成功紀錄，我們就變得正面。

這是在把我們的舊腦設定成專注於成功，而不是專注於失敗。這是一種心理上的拍背鼓勵，但就是管用。每當事情搞砸，請拿出成功日誌開始閱讀，它會讓你在一天接下來的時間裡停止心情低落、變得負面。

錯誤和失敗只不過是讓人學習教訓的機會，它們並不是在反映我們的無能、缺乏教育或者有某些性格上的缺陷，它們只是有待學習的事情。成功日誌有助於我們將錯誤和失敗置於適當位置去觀察，並維持我們走在興旺思維（Prosperity Thinking）的路上。

針對目標創建每日的肯定

每日的肯定需要採用現在式，並且代表未來的存在狀態，例如「我是公司排名第一的銷售員」。只有與我們的目標、夢想或生活的主要目的綁在一起，肯定才有效用。

創建願景板

願景板讓我們看到生活中所有想要的東西。把圖片剪下來，貼到你的願景板，那是你想住進去的理想房屋、想開的理想車子、想做的理想職業、銀行帳戶裡的金額、想去度假的地方、想做的事情、想遇見或成為朋友以及做生意往來的人等。

把這塊願景板放在看得到的地方，早上醒來後和晚上睡覺前看一下。

早上冥想一次

舒適地坐在椅子上，閉上雙眼。感覺你的眼睛放鬆，接著是整個頭，再來是脖子，然後是肩膀，接下來是胸部，然後是手臂，接著是腰，再下來是腿，最後是腳。

深呼吸三十次，在你的腦中將每個數字視覺化。讓所有想法一個接一個飄走。

想像你的大夢想成真。想像你實現了所有目標。想像你的理想生活，有理想的房子、理想的工作、豐厚的收入和良好的健康狀況。看到自己快樂而成功。請人幫忙克服目前阻礙你的任何障礙。睜開眼睛說：「我很快樂。」

小結

成功人士不接受阻礙他們成長的信念。他們曉得，當信念阻止他們改變和成長，會使他們在人生中踟躕不前，妨礙成為需要成為的人，等待成功來敲門。

第25章

第十四個富習慣

——請益於成功導師

為了取得成功，我們必須學會跟著富人的足跡前進。**做這件事最快、最有效的方法，就是找到成功導師**。尋找成功導師，才能走在致富的快車道上。導師會教我們做什麼和不做什麼，定期且積極參與我們的成功，他們和我們分享從自己的導師或逆境中的磨練學到的寶貴人生教訓。

成功導師助你致富

尋找成功導師是致富的最佳和最不痛苦的方法之一。

成功人士在生活的許多不同面向尋找成功導師。不成功的人卻不這麼做。

找到成功導師的五種方法：

一、**父母**：父母通常是任何人一生中能有成功導師的唯一機會，這就是為什麼父母養育子女如此重要的原因。父母需要成為孩子的成功導師，他們需要教育孩子良好的日常成功習慣。如果他們不這麼做，孩子的一生可能為財務所苦。

二、**教師**：好老師是好導師。教師可以強化孩子在家中從父母身上獲得的指導，或者介入提供家中缺乏但急需的成功指導。

三、**主管**：對於那些不幸、沒有父母或老師可提供成功指導的人來說，尋找工作上可以擔任導師的人，將有助於人生的成功。在工作上找一個令你欽佩、信任和尊重的人，請他們當你的導師，這個人應該至少比你高出兩級。

四、**閱讀**：許多成功人士將他們人生的成功歸功於戴爾·卡內基（Dale Carnegie）、厄爾·南丁格爾（Earl Nightingale）、歐格·曼迪諾（Og Mandino）或傑克·坎菲爾（Jack Canfield）[10]等自助天助的成功作者。書籍可以代替現實生活中的成功導師。

五、**逆境的磨練**：當你透過逆境的艱困磨練而學到良好的日常成功習慣，基本上就是自己的導師了。你教自己不該做什麼事，從錯誤和失敗中學習。這是很辛苦的方式，因為那些錯誤和失敗會耗費你的時間、金錢和情緒。

理解失敗比理解成功更重要。如果你想取得人生的成功，就必須學會不做什麼事。

在追求夢想或熱愛的事情時，有兩種方法可以學習不要做什麼事：

---

[10] 戴爾·卡內基是美國作家與演講家，以提倡人際溝通及壓力處理聞名。厄爾·南丁格爾是美國作家與勵志演說家。歐格·曼迪諾是美國暢銷作家與行銷專家。傑克·坎菲爾是美國企業家、勵志演說家。

一、**簡單的方法：**找一位成功導師，從他們的錯誤和失敗中學習。

二、**困難的方法：**採取行動，透過逆境中的磨練學習什麼行得通、什麼行不通。這是困難的方法，通常你會賠上時間和金錢去學習不要做什麼。這有如情緒的雲霄飛車，事情出錯時會有負面情緒，情況順遂時會有正面情緒。困難的方法需要堅持不懈和保持耐性。

如果你是窮人或中產階級，可以在工作上、非營利組織、同業團體、業界組織、慈善機構等地方尋找這些成功導師。他們可以在書中或集思會中找到。集思會通常是五、六個人每週面對面或在虛擬空間見面一次，分享最佳實務、建議，並且幫助彼此解決問題。

小結

為了獲得成功，必須跟著富人的腳步前進。尋找成功導師，是致富的最快途徑！

雅德尼的觀點

正如牛頓說過的：「如果我看得更遠，那是因為站在巨人的肩膀上。」

柯利和我都覺得，有位導師十分重要，所以本書稍後針對這點寫了一章。

第26章

第十五個富習慣

——每天專注在夢想和目標上，不會讓自己從目標分心

大多數人完全沒注意到自己的行為、習慣和思維，以及他人的談話、行為及周圍環境。研究者針對這點進行多次研究，甚至提出「不注意視盲」（inattentional blindness）來描述這現象。不注意視盲的主要成因在於有意識的大腦無法多工運作，即無法同時做兩件事。

我們一次只能有意識地專注於一件事，其他一切都消失得無影無蹤，被我們的有意識大腦忽視。除了完成任務所需的投入或幫助我們全神貫注於某目標所需的投入，我們大腦的網狀活化系統和視丘會封鎖所有的感官輸入。這個網狀活化系統和視丘只在意料之外或新奇的事物引起注意時，才會偏離這種過濾功能。

全神貫注於一件事的能力，是人類最重要的資產之一。

雖然這似乎是與生俱來的缺陷，但事實不然。專注和忽視專注焦點以外幾乎所有事物的力量，是人類能夠把人送上月球、建造布魯克林大橋、分裂原子和取得如此多成就的原因。

全神貫注於一件事的能力，確實是我們力量所在。這就是為什麼【魔鬼終結者】系列、《鐵達尼號》、《阿凡達》等電影導演詹姆斯．卡麥隆（James Cameron）、名喜劇演員金凱瑞和《哈利波特》作者JK羅琳（JK Rowling）等著名成功者能夠擺脫窮途潦倒的貧困生

活，並神奇改造自己成為白手起家大富翁的原因。這三個人一度都很貧窮，以車為家。

遺憾的是，絕大多數人堅決認為，窮人幾乎不可能脫貧翻身而致富。

這個限制性信念是那麼多人何以陷入世代貧困循環的原因，以及那麼多政治人物因此能夠透過簡單提供窮人應得權益而買到選票，因為這是逃避貧困的唯一手段。

接受這個信念的任何人，都無法利用專注的力量擺脫惡劣的財務狀況。這令人感到遺憾，**因為專注的力量是窮人的逃生口，它可以將任何人拉出最嚴峻的財務狀況。**

成功人士明白，不間斷地全神貫注就能實現目標

然而，大多數不成功的人花費絕大部分的時間同時做好幾件事，這只會分散他們的注意力，沒能專注在重要任務上。重要任務表示每天應該做的事，因為它們有助於你實現某個目標或人生夢想。分心會讓你忘了重要任務。成功的人明白，為了完成重要任務，他們需要騰出一天裡不中斷的一些時段，全神貫注於執行重要任務。

讓我稍微多談一下專注。專注有兩種類型：強迫性專注和非強迫性專注。

強迫性專注依賴新腦，也就是有意識的大腦，又稱為新皮質。利用強迫性專注時，我們是依賴意志力去專注。意志力為期短暫，通常一次兩到三小時。使用意志力將注意力集中在某件事上，很快就會耗盡大腦的葡萄糖（大腦的燃料）。所以大腦不喜歡使用意志力。它喜歡情緒力，由力量強得多的非強迫性專注所釋出。

非強迫性專注不依賴意志力，也就是來自新腦的能量來源，相反地，它依賴情緒，也就是來自舊腦的能量來源。當我們追求非常熱中並激發情緒的某件事，就會發生非強迫性專注。它使我們能夠加快學習速度，因為它使我們得以拉長時間不中斷地專注於某件事。

當我們處於非強迫性專注中，更容易獲得新知識和新技能。

非強迫性專注是你可以擁有的最強專注類型。愛迪生有它，特斯拉（Tesla）有它，愛因斯坦有它，史帝夫・賈伯斯（Steve Jobs）有它。能夠借重非強迫性專注力的人，可以如雷射光般專注於某件事數個小時、數天、數星期，甚至數年之久。

你會知道自己處於非強迫性專注的狀態中，無法脫離某項活動。啟動非強迫性專注的關鍵，是追求夢想或夢想背後的目標。這些事情動用舊腦的情緒中心。**成功人士使用非強迫性專注實現夢想及其背後的目標**。

不成功的人不追求目標、目的或夢想。因此，他們永遠無法利用非強迫性專注不可思議的力量，必須依靠由意志力驅動的強迫性專注。他們實際上只使用大腦的一部分。

小結

成功人士始終如一地追求目標和夢想，他們每天都全神貫注。

第27章

第十六個富習慣

——只設定好目標，避開壞目標

你幾乎聽不到任何人在負面情境下談論目標。目標幾乎總是被認為是好的。但有些目標實現時，並沒有給你的人生增添任何實際價值，卻消耗了寶貴的資源。那麼你如何知道目標何時是好或壞？

什麼是好目標？

好目標實現時，可以創造長期利益和快樂。它們允許你個人成長，並以正面的方式改變你的行為。好目標讓你從A點走到B點。B點是一個更好的地方，例如更多的財富、更健康、更好的工作、更高的收入、供孩子念更好的學校等。減重十公斤是好目標的例子。設定減重目標通常需要每天運動、吃喝健康的食物，以及用更好的方式過生活。

身體健康需要靠正確運動和飲食，它也可能激勵你節制菸酒。當體重終於往下掉，你會樂在別人的讚美中，感覺到健康及所有這一切所創造出被認為是成就感的永久快樂。

以下是好目標的其他一些例子：

- **成為專家：**許多成功人士是利基型專家，他們每天花時間投入副業，在所處行業中的特定領域發展專業知識。利基型專家有更多的價值，因此賺更多錢。
- **開創副業：**許多成功人士受雇於人的同時也開創自己的成功事業。在維持全職工作時，是有可能壯大副業的。這不只能夠增添額外的當前收入，最後也能給你自由，離開正職工作，全心全力投入你的事業。
- **改善你的外表：**許多成功人士常做負重運動，可使身體更強壯健康，改善外觀。看起來氣色好，就會對自己更有信心。你身邊的人會看出那種自信，讓你更具吸引力。
- **成為演說者：**有些成功人士是能言善道的演說者。加入國際演講協會或類似的演說家組織，以培養你的演說技巧，從長期觀點來看對你很有利。身為優秀的演說家，將使你自工作和業界的競爭中脫穎而出，讓你受到業內其他人的注意。這可能表示，你會有更好的工作、更高的薪酬和更多的責任。
- **成為作家：**有些成功人士為業界雜誌和電子報寫文章，有些人則寫書或設立部落格；開設部落格是培養寫作技巧的絕佳方式。當個優秀的作家，會讓你成為你所撰寫主題的專家，這為工作的升遷機會、業內的新工作機會或其他收入來源打開大門。

什麼是壞目標？

壞目標製造了短期的快樂，卻在目標實現時沒有長期的利益。擁有一輛法拉利是壞目標的例子。為了擁有法拉利，你必須賺更多錢，這可能需要工作更多時間或去擔過高的財務風險（也就是賭博）。工作更多時間有成本效益上的問題，你投入的時間永遠收不回來。

別誤解我的意思。工作更久去賺更多錢可以是件好事，但是當你接著拿錢去買東西，例如法拉利，便成了不良的目標。

從擁有更多或更好的東西得到的快樂，會隨著時間的推移而消逝，因為購買大部分東西所帶來的快樂通常是短暫的。你最後將回歸你基因中的快樂底線——幾個星期後，法拉利成了只是一輛你開的車，然而享受天倫之樂失去的時間永遠彌補不回來。

相反地，如果目標是將多賺的錢審慎投入計算過風險的投資，例如副業或投資度假屋，讓你有更多時間和家人相聚，那麼它就會把「工作更多／賺更多錢」轉為好目標。

其他一些壞目標的例子：

- **買彩券中獎：**以任何方式透過賭博致富都是壞目標。中獎的機率極低，而且花掉的錢本來可以存起來，或審慎投資、為未來創造財富。
- **購買豪宅：**除非有必要（也就是家族人數愈來愈多），否則購買更大的房子是壞目標。房子更大，保養維護費用更高、水電費更多、繳給銀行的利息也更重。

- **購買昂貴小船：**這是壞目標的另一個例子。船很貴，而你花在船上的錢用於退休計畫或建立投資組合會更好。
- **享受異國情調假期：**雖然到充滿異國風情的地方旅遊能有一些教育上的好處，但是把辛苦賺來的錢存起來只是為了花大錢度假，表示那筆錢並沒有用於建立財富。
- **打敗競爭對手：**當你專注於打敗競爭對手以提高市占率，而不是改進所提供的產品或服務，會造成業務損失，並損害業內人際關係；這種人際關係有朝一日可能雇用你，或者和你結成夥伴關係。掀起競爭戰通常只能完成一件事：減低利潤和自斷後路。

實現目標的利益，應該是創造長期的利益：更強大的業務、更多時間與家人相聚、更豐富的知識或專業技能、財務獨立、更健康等。當目標實現不能改善你的長期生活，那就是壞目標。追求擁有更多東西或創造某種瞬間樂趣的目標，都是浪費金錢的投資。留意你追求的目標。不是所有設定的目標都一樣好。成功人士了解好目標和壞目標之間的差別，他們不會浪費時間在無法創造長期成功和快樂的目標上。不成功的人則專注於不會創造長期成功的目標，他們追求的目標只會給予短暫的快樂和即時的滿足。

小結

只專注於能夠創造長期利益並幫助你更接近實現夢想的目標吧。

第28章

第十七個富習慣

——不害怕風險，會冒險幫自己達成目標和實現夢想

成功人士是冒險者。

他們會冒的風險是大多數人因為害怕而畏縮不前的。**風險是成功的必要成分**。不冒險，你不可能成功。

但我指的風險不是賭徒所冒的那種風險。成功人士所冒的風險被認為是審慎計算過的風險，這種風險需要深思熟慮的分析，它要求你研究任何涉及某種風險的計畫之所有變數。

審慎計算過風險，表示你已經找出每一種可能導致失敗的潛在情境。當你承受審慎計算過的風險，表示已經做好準備，迎接所有可能的意外情況。這需要投入大量心血和思考。因此，當某件事出了差錯，你永遠不會瞠目結舌。事情出差錯時，你永遠不會驚慌失措，對每個意外狀況都有思慮周延的應變計畫。你已經做好因應最壞狀況的準備。那是審慎計算過的風險。

不成功的人會冒未經審慎計算過的風險。

賭博是沒有審慎計算風險的例子。沒有審慎計算過的風險不需要思考、不必分析、不需要工作，而且時間的投資非常少。賭博是窮人冒的風險。

富人、窮人風險承擔大不同

我的研究證實，富人願意承擔風險。當問到「我已經冒險尋求財富」這個問題時，六三％的富人表示同意，只有六％的窮人表示同意。

在我的研究中，很多富人是自己創業的企業主，他們取得成功，因為他們是自學大師，從逆境中的磨練學到很多。事實上，我的研究中有二七％的富人承認他們一生或事業至少失敗過一次，相較之下，只有二％的窮人失敗過。失敗就像大腦上的傷疤組織，是永遠存在的教訓。

小結

成功人士不怕冒險。他們不害怕投資時間、金錢和想法，以追求熱中的事物。

第29章

第十八個富習慣

——每天保持耐性

專注、堅持不懈和耐性，是所有成功人士的共同特質，但耐性可能最難學習。

成功需要時間。這不是一夜之間發生的事。成功有起有伏，有些日子凡事順遂，但大部分時間不然。事情不順時，我們很容易沮喪和放棄。大多數人都是這樣，所以都不成功。**但成功人士不會放棄**。他們很有耐性地追求自己的目標和夢想。他們對成功放長眼光，接受實現成功可能需要好幾年，甚至一輩子的時間。他們非常有耐性。

他們不會成為閃亮新奇事物症候群的受害者，會堅持一件事許多年。這種耐性使他們能獲得知識、技能、爭取到調整的時間，讓他們專注於目標和夢想。耐性最後會提供我們所有問題的解決方案。

有時，那個解決方案是一個發想、一套策略，甚至是和我們一起努力的極重要人物。缺乏耐性，這些發想、策略或貴人都不可能出現。耐性創造機運，這是所有成功人士的特點。

每個成功人士都經歷了耐性的挫折。機運在桑德斯上校（Colonel Sanders）[11]六十五歲左右才來敲門。還有洛尼．丹吉菲爾德（Rodney Dangerfield）[12]在艾德蘇利文秀（The Ed Sullivan Show）第一次亮相已經四十六歲。亞伯拉罕．林肯（Abraham Lincoln）擔任總統之前曾競選公職失敗好幾次。成功人士很有耐性地追求目標和夢想。

不成功的人缺乏耐性。一旦他們遇到障礙，就會放棄而不是轉個方向。他們缺乏等候成功實現所需的耐性，結果機運永遠不曾有機會發生。他們從未找到問題的解決方案，從未等到幫助他們達成目標或實現夢想的貴人。

小結

成功人士有耐性，堅持不懈。

雅德尼的觀點

我喜歡巴菲特說的：「財富就是把錢從沒耐性的人手裡轉移到有耐性的人手裡。」

⓫ 桑德斯上校是全球知名連鎖速食肯德基的創始人。

⓬ 洛尼．丹吉菲爾德是美國知名脫口秀喜劇演員。

第30章

第十九個富習慣

——設法超越別人對我的期望

成功人士所做的一切，都試著超越別人對他們的期望。這麼做有助於建立他人對你的信任和信心，別人會因此而相信你。這一來，他們會樂於給你更多的責任，使得未來路上的機會增多。

為了超越期望，成功人士養成了少承諾、多做事的習慣。他們甚至在接受任何挑戰之前，就已經安排好要成功。成功人士習慣於從一開始就改變他人對現實的認知，在承諾階段之初便降低他人的期望。因為交付的成果更容易超乎期望，讓別人最後總是發出讚嘆。

不成功的人傾向於在開始時而不是結束時得到別人的讚嘆。他們一開始所做的承諾超出了別人的期望。別人是在一開始發出讚嘆，這根本反其道而行。

不成功人士一開始時設定的標準太高，然後不能滿足別人的期望。這使得其他人失去信任和信心。最後，他們不敢給你責任，這將導致未來的路上失去機會。

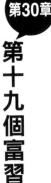

小結

成功人士在任何專案或計畫之初就管理期望流程，力求交付的成果超越他人期望。

雅德尼的觀點

雖然我同意柯利說的，但我做事不見得是為博得他人尊重，我只想超越自身期望。

第31章 第二十個富習慣

——創造多個收入來源

成功人士不依賴一個收入來源。

他們在生活中創造多個收入來源。他們「在許多池塘中放幾根釣竿」，當一個來源暫時受損，還能從其他來源獲得收入。

一些額外的來源可能包括：副業、房地產租賃、不動產投資信託、分權共有不動產投資、三重淨租賃、股市投資、年金、私募股權投資、企業部分所有權、融資投資、輔助產品或服務和特許權使用費（專利、書籍、石油、木材）。每個額外的來源提供他們額外的金錢，可以用於投資，以創造其他收入來源。

不成功的人則依靠一個收入流，即他們的工作。

他們「在一個池塘裡放一根釣竿」，等到單一的收入流受到經濟衰退或失業的衝擊，他們就要承受財務問題的痛苦。更糟的是，絕大多數勉強溫飽的人並不喜歡自己賴以維生的工作，結果他們受制於工作，也就是我所說的工資奴隸。

如果你得養家，這可不容易。這本來就是件難事。

但隨著孩子長大，明白這一點會更加容易。當他們的年齡接近大學，和孩子有關的承諾開始減少。你最後會有更多的時間，致力於擴增這些收入流。

當孩子還小，正是踏出第一步、開始慢慢建立副業的最佳時間。我談的是每個星期不超過五到十小時，投入你熱中且最後可以化為金錢的事情。

我談的是現在就投資於你自己和你的未來，好讓你能在未來的路上獲得收益。相信我，你會很高興自己這麼做了，因為隨著孩子長大，他們的財務需求變得更大。

那些收入流最後會帶進足夠的收入，讓你能夠辭掉全職工作，並允許你聘用某個人協助管理你的投資。這將讓你脫身而出，去享受紅利：度假屋成為成年子女的活動中心；財務獨立，如此就不會成為子女的財務負擔；退休時不必擔心財務問題，以及有錢幫助成年子女買房子。

所有雞蛋放同一籃只會造成財務災難。

如果那個籃子壞了，你會怎麼做？如果想讓未來的生活更輕鬆，你需要現在投資在自己身上。找到你真正熱中且可能成為額外收入來源的某件事。熱情是關鍵。如同前面說過的，到目前為止，熱情是白手起家大富翁最重要的特質，它是將普通人轉變為大富翁的催化劑。當你追求真正熱愛的某件事，就一定找得到時間去投入。

但是除非你去嘗試，否則永遠找不到熱情在哪裡。你必須今天就採取行動並投資自己，以創造渴望的未來生活。

你如何創造多個收入來源？

- **儲蓄、儲蓄、儲蓄：**每年存下淨收入的一〇到二〇％，然後拿去投資。

- **擴大財務管道：**開創副業或兼職工作，產生額外收入。
- **打造多個投資籃：**將儲蓄和額外收入投資於產生被動收入的投資，例如住宅和商業租賃不動產、分權共享投資、三重淨租賃、股權投資（股票、債券、共同基金）、年金、終身壽險、產生特許權的財產（木材、石油和天然氣）、船隻租賃等。如果你不能自己做，那就和別人合夥，繼續建立你的資產組合，產生被動收入。

小結

如果你想變富有，就需要創造多個收入來源。

雅德尼的觀點

富人知道今天需要不只一個收入來源才能致富。回想一九五〇年代，如果大多數家庭只有丈夫在工作，一家需要多少個收入來源才能生存？只有一個。

然而今天，極少家庭可以在不到兩個收入來源的情況下生存，也就是丈夫和妻子都得工作。依照這個趨勢，將來還是不夠。所以在你的成年生活中，有好幾個收入來源是明智之舉。

富人總是知道這一點，他們透過薪資或事業及房地產、股票和管理式基金等各種投資產生收入。如果一條收入來源枯竭，還有其他許多可以支持他們。如果一項事業破產，還有其他收入來源。

你現在有多個收入來源流進你的生活嗎？也許是添加另一個收入來源的時候了，但不是找另一份工作！

我說的是，不管你是否工作都會得到的重複收入。另一個名稱是被動收入，因為它是你即使在睡覺也能賺到的錢。

因此，首先，重要的是了解不是所有收入都是一樣的。有些收入流是線性的，有些是重複性的。現在這是決定你的收入流是線性或重複性的問題：你每工作一小時獲得多少次收入？

如果你回答只有一次，那麼你的收入就是線性的。

但這就是窮人弄錯的地方：他們試著以困難的方式獲得多個收入來源。他們不是去找另一份工作，就是放手一搏進行網路行銷，或者嘗試管理自己的房地產或把房子一間間租出去，以增加現金流量等策略，辛辛苦苦靠房地產賺錢。

他們正在建立錯誤的收入類型，他們只是給自己找另一份工作。

你需要的是被動和重複收入，即不管是否工作，都會流進你生活中的收入。這是你在世界的另一邊度假時，可以存進銀行帳戶的收入類型。富人的祕密不是他們有更多的錢，而是有更多的時間自由，因為他們的收入是被動的，所以能把時間花在想要的任何東西上。

你的收入中有多少百分比是重複的？

如果你很聰明，就會開始發展一些被動賺取的重複收入。最後這將給你時間自由，隨心所欲做你想做的事。

你可以做到這一點的一種方法，就是買股票或賺取收入的房地產。不管你是否工作，股利或租金收入會繼續流進，而且你的股票價值或房地產價值將與時俱增。

第32章 第二十一個富習慣

——利用槓桿的力量，幫助自己達成目標和實現夢想

成功人士利用槓桿的力量，幫助他們實現目標和夢想。槓桿表示利用你的所有資產、知識、技能、時間、金錢和人際關係，獲得生活中想要或需要的東西。例如成功人士會去找志同道合的富關係，將他們介紹給能以某種方式幫助他們的個人或團體。這些人能夠打開以前把他們關在外面的門。

每個人每天只有二十四小時。關於時間，我們都站在平等地位。成功人士明白，為了善用時間，他們需要其他人幫忙拉車，讓他們往前達成目標和實現夢想。十個人為一個目的共同工作，就等於一天兩百四十個小時。另一個例子是成功人士如何善用知識和技能。他們曉得自己不可能知道一切或擅長每件事，所以會借重人際關係網的知識和技能。他們善用圈內每個人的集體知識和技能，幫助他們實現目標和夢想。

不成功的人不懂得利用槓桿的力量來幫助他們。除了自己，他們不依賴任何人。因為他們並不具備許多富習慣，例如建立人際關係、擴大人脈、先付錢給自己和其他許多習慣，所以他們沒有太多的槓桿可以借重。

當你了解槓桿的力量，就能利用別人的資產、技能、知識、金錢和影響力。和別人為了

共同目的結成夥伴關係，這樣的槓桿可以幫助你將一天的時數倍增。

小結

成功人士每天都利用槓桿的力量，幫助他們向前達成目標和夢想。

雅德尼的觀點

你有沒有好奇想過，為什麼有錢的人更容易賺到更多錢？我的意思是，為什麼第二個和第三個百萬元遠比第一個百萬元容易賺？

他們使用槓桿的富習慣，而且我談的不只是借錢。正如柯利解釋的，富人至少有四種運用槓桿的方式。

一、**金錢**：富人和一般人在建立財富方面的最大差別之一，不是他們如何投資所擁有的金錢，而是如何借重槓桿的力量，使用他們沒有的錢、讓自己富裕起來。

窮人害怕舉債，富人卻擅長使用自己沒有的錢以建立財富的藝術。他們用借來的錢擴大投資活動，享受更高、速度更快的報酬。

二、**人際關係**：富人建立一支圍繞自己的出色團隊，因為他們知道，如果發展出一張很好的人脈網，他們就不必是每個領域的專家。擁有絕佳的人脈網，讓你能夠借重別人的專長。我常說：「如果你是團隊中最聰明的人，那麼你的麻煩大了。」

在這個世界上，重要的不是你懂什麼，甚至不是你認識誰，而是你認識的人懂什麼。我沒有打錯字。你的人際關係網對於擴增財富至關重要，不只因為他們自己懂的，也往往因為他們認識的人也可能幫助你。

三、**時間**：富人已經學會如何善用時間，將它投入最高和最佳的用途。他們把瑣碎的小事外包給物業管理公司和其他承包商處理而做到這一點。他們運用時間去學習更多知識、發展人際關係，或尋找更多的交易機會。

四、他們的心思：最重要的槓桿點之一是善用你的「心思」。我們在本書試著教你富人的思考如何不同於一般人。

記得羅勃特．清崎在他的【富爸爸，窮爸爸】系列著作中說，憤世嫉俗的現實不讓任何新事物進來，而傻瓜的現實無法排拒愚蠢的想法。

擴延你的心思，尋找機會以新的方式善用各種槓桿。

第33章

第二十二個富習慣
——不讓害怕或懷疑阻止自己對目標和夢想採取行動

大多數人完全沒有意識到自己的想法。如果你停下來傾聽自己的想法、察覺它們，會發現大多屬於負面。但只有在你強迫自己察覺時，才會發現自己有這些負面想法。察覺是個關鍵。新時代的用詞是「正念」（mindfulness）。

克服心中的負面聲音

生理上，這些負面想法、腦中的聲音是從大腦中稱作杏仁核的一個區域產生的。杏仁核位於舊腦的邊緣系統，它永遠不會停止與我們交談。

這是為了一個目的。把它想像成是雷達系統，它會警告你危險來臨，並發出擔心、害怕或懷疑的訊息。當你著手做某件新的事情或涉及風險的事，這個聲音就會低聲說出所有負面的可能性。

新目標、追求夢想、投資我們的錢在新事業或新專案、新的就業機會、可能升遷而負起新責任等，都會觸發這個聲音。它告訴我們類似這樣的事情：

- 你可能失敗。
- 你可能賠錢。
- 你的工作表現可能不好而遭到解雇。
- 可能導致破產。

這些聲音警告我們，要停止正在做的事，並且回到我們的舒適圈。不成功的人屈服於這些聲音，成功人士卻忽略它們。儘管他們會害怕和疑慮，卻努力追求人生的目標、夢想、新商機和新挑戰。成功人士如何能夠克服懷疑和害怕的負面聲音呢？他們會玩一種我稱之為「如果會怎樣」的遊戲：

- 如果我成功會怎樣？
- 如果我喜歡做這件事會怎樣？
- 如果我賺的錢超出預期會怎樣？
- 如果沒有我想像的那麼難會怎樣？
- 如果它讓我快樂會怎樣？
- 如果它有助於我的家人會怎樣？
- 如果它創造了我的夢想生活會怎樣？
- 如果它讓我更有價值會怎樣？

「如果會怎樣」的遊戲會封鎖住負面心態，並用正面心態取代它。它化解了我們在追求某件有價值的事時，都會面對的各種害怕、疑慮和不確定性。它會立即改變你的思考方式，給你勇氣往前走。

下次你面臨困難的決定時，請玩「如果會怎樣」的遊戲。不要屈服於惡魔的聲音，因為如果惡魔的聲音是錯的，那會怎樣？

小結

成功人士不會屈服於懷疑和害怕之下。

第34章

第二十三個富習慣

——尋求別人的意見回饋

成功人士不斷尋求意見回饋。他們養成這個習慣。

意見回饋改進了他們在事業或職場生涯中提供的任何產品或服務。成功人士將意見回饋視為偵察任務，這讓他們得以獲得寶貴資訊，為他們所做的一切增添了價值。

養成尋求意見回饋的習慣，使得成功人士有別於其他每個人，讓他們能夠學習和進步。

成功人士會尋求同事、主管、受雇員工、客戶、顧客和事業夥伴的意見回饋。

不成功的人避免意見回饋

不成功的人害怕招來批評，所以不敢徵詢別人的意見。

「害怕」是讓他們在人生中踟躕不前的負面情緒。他們屈服於批評的害怕之下。

你需要了解關於自己所做的一切，才能確定是否走在正確的路上，或者是否需要改變正在做的事和怎麼做。尋求意見回饋的成本，遠低於經由跌跌撞撞的生活吸取的經驗，浪費時間和金錢去學習不要做什麼事情。

透過逆境生活的學習，是困難而昂貴的方式；尋求意見回饋是邁向成功比較容易且成本較低的途徑。意見回饋可以保證成功，或者最起碼保證你不會失敗。如果你一向避開意見回饋，那麼你就是出於害怕而做事。

小結

持續自我改善是成功人士的特點。成功人士尋求意見回饋，幫助他們學習和改善。

第35章

第二十四個富習慣

——請求別人提供想要或需要的東西

「你們祈求，就給你們」⑬，是聖經中最著名的經文之一。這有個很好的理由。當你請求想要或需要的東西，真的有可能得到。成功人士理解這一點，所以他們習慣向他人請求想要或需要的東西。不成功的人則不會向他人請求想要或需要的東西。

為什麼？因為害怕。實際上，他們的害怕有兩種：

一、**害怕拒絕**：對不成功的人來說，拒絕會讓他們尷尬、丟臉或在某些方面被貶低。

二、**害怕義務**：義務表示你欠某人人情。有人幫了你一個忙，現在你有欠於他們。不成功的人不會請求別人幫助，因為他們不想覺得自己有償還人情債的義務。

另一方面，成功人士會使用兩種策略來幫助自己克服這兩種害怕：

⑬ 出自〈路加福音〉十一章第九節。

一、**管理自己的期望：**當我們請求幫忙、期望對方說「好」，實際上卻得到「不」時，我們會立即感到不快樂或情緒低落。成功人士明白這一點，所以為了防止這種事情發生，他們會管理自己的期望，在請求幫忙時，調整期望得到的答案是「不」。他們實際上是期待被拒絕的。如果真的遭到拒絕，他們會因為早在預料之中而不會感到難過，不會不快樂或沮喪，因為他們本來就期待對方會說「不」。如果有人出乎意料地說「好」，他們會立即感到快樂、樂觀和情緒激昂。

二、**理解義務會創造夥伴關係：**成功人士明白，當他們對某人負有義務，實際上會強化自己和那個人的關係。義務會建立起夥伴關係。成功人士明白，他們需要夥伴關係才能在生活中取得成功。義務是獲得有價值合作夥伴的一種方式。

小結

成功人士會請求他人提供自己想要或需要的東西，以爭取夥伴投入他們的目標和理想。

第36章

第二十五個富習慣

——編製自己的個人化不做事項清單，而且每天遵循不悖

我們都聽說過待辦事項清單。把最好的待辦事項清單併入日常活動，有助於你在生活中向前邁進，達成目標和實現夢想。

但你可能從來沒聽過「不做事項清單」。這份清單包含你永遠不應該做的事，因為它們不是浪費時間就是壞習慣，或者讓你無法擁有快樂和成功的生活。

典型的不做事項清單可能包括以下各項：

- 今天看電視不超過一小時。
- 今天不浪費時間在臉書、推特、YouTube 等上面。
- 今天不嫉妒任何人。
- 今天不衝動購物。
- 今天不說人是非。
- 今天不賭博。
- 今天不飲酒過量。

- 今天不發脾氣。
- 今天不漠視家人。
- 今天不閱讀負面新聞內容。
- 今天不推拖延遲。
- 今天不嘲笑任何人。
- 今天不討厭任何人。
- 今天不抽菸。
- 今天不要有負面心態。

每份不做事項清單都能轉化為你自己的個人化富習慣。

成功人士了解，不做事項清單和待辦事項清單同等重要。他們明白，知道不做什麼和知道應該做什麼對於取得成功同等重要。不成功的人則無法察覺自己正在做的事，阻礙他們邁出人生一步。

不做事項清單幫助你察覺不應該做的事。待辦事項清單雖然是很好的成功工具，卻只能讓你走一半。不做事項清單會帶你走接下來的路，強迫你察覺正在做的事可能正阻礙你的人生踟躕不前。

小結

成功人士曉得他們不應該做什麼事，一如他們曉得自己應該做什麼事。

雅德尼的觀點

我這一生因為對一些事情說「不」所賺的錢，多於對看到的機會說「好」。但是我不只有事業和投資上的不做事項清單，我的個人生活也有很長的清單，包括以下各項：

一、**不必擔憂**。你擔憂的大多數事情永遠不會發生，而會發生的事，五年後回顧可能是不足掛齒的芝麻綠豆小事。

二、**不必總是對的**。我發現人際關係中，你往往不是對的就是快樂的，所以你的戰鬥中要有所選擇。通往正確目的地的道路有很多。

三、**不要從短期觀點看事情，要有大格局的視角**。

四、**不要人云亦云**。不要做其他人都在做的事，因為如果你去做，充其量就是和一般人沒有兩樣。

五、**不要等待完美的時間**。生活中任何事情永遠不會真正有「正確的時間」。

六、不要等到知道所有的事情之後才起步，那個時間永遠不會來到。現在就開始，知道你並沒有掌握所有資訊，然後在過程中持續學習和改進。

七、不要評判別人。我們很容易就跳到結論，但那是未審先判或偏見。反而要傾聽，並試著理解他人的觀點。

八、不要試著做到完美。你當然應該努力做到最好，但是不要追求完美主義。

九、不要因犯錯而煩惱。它們是成長和學習的一環，不要去想本來可以怎麼做。

十、不要忽視你的親朋好友。畢竟，你真正的財富是他們拿走你所有的錢、財產和股票之後所剩下的。

十一、不要忽視現在的喜悅。這真的是感恩的富習慣。

第37章

第二十六個富習慣

——為了向別人學習，不怕問問題

常見的誤解是：成功人士不會問問題，因為他們已經知道所有的答案。如果有人永遠在問問題，那麼一般的看法是他們必須這麼做，因為他們並不聰明或知識淵博。實際上，如果想在人生取得成功，問問題是能做的最明智事情。

成功人士早在成功之前就已經想通這一點。**他們樂於問問題。他們曉得，藉由問問題獲得的資訊，正是增進知識的另一種方式**。對他們來說，這可以節省學習新資訊的大量時間。

不成功的人害怕問問題。他們害怕問了問題之後，別人可能瞧不起他們。這樣一來，他們能夠從別人那裡學到的知識就很有限。

小結

成功人士不怕問問題。他們知道問問題是增進知識的高效率手段。

雅德尼的觀點

成功人士都有童年的特質：好奇，喜歡問問題，凡事想要一探究竟，知道答案後又覺得很奇妙。

第38章

第二十七個富習慣

——設法奉獻自己的時間，而不期望回報

成功人士明白，你必須先捨才有得。這是不曾改變過的普世成功法則之一。如果你想要人生成功，就必須先給他人價值。不成功的人的哲學是「先我後人」。在他們把時間奉獻給任何人之前，想知道自己能有什麼好處。他們抱持自私的世界觀。

只要看看任何非營利組織或慈善機構的董事會。許多經營非營利組織或慈善機構的人恰好都是成功人士，這讓你感到驚訝嗎？應該一點都不吃驚。

物以類聚。**如果你想找出許多富人和成功人士聚集的場所，加入當地的慈善機構或非營利組織就行了，這是富人用來和其他立志成功的人發展關係的途徑之一。**這些關係最後往往是一起開展事業，並彼此幫忙壯大和成功。

小結

成功人士會奉獻自己的時間，而且不期望自己會在財務上受益。他們對於改善他人的生活，比改善自己的生活更感興趣。

第39章 第二十八個富習慣

——努力每天快樂

快樂的問題之一是，我們都被設定為尋求快樂，好像它是某個目標似的。所以我們出去買東西讓自己開心。買東西會製造短期的快樂。最後快樂會消失。在此同時，錢也沒了，或者還得償還債務，因而產生不快樂。

或者我們追求的職業將提供我們高薪的最大潛力，因為我們相信，如果賺很多錢，就可以用高所得去買到快樂。所以我們長時間像奴隸般工作，而且隨著時間發現自己並不快樂。

我們不喜歡賴以維生的工作。當這種情況發生時，像是我們住的房子有多大、開的車子有多好或能讓家人吃多少食物，其實都無關緊要。

讓快樂成為日常習慣

快樂不是目標，這是一種心態，一種存在的狀態。

快樂的三步驟公式如下：

一、**成為你想成為的人**。如果那很快樂，就為你已擁有的感到快樂。如果想成為作家，那就當個作家；如果想當企業主，那就當個企業主；如果是更好的父親或丈夫，那就當個更好的父親或丈夫。

二、**今天做的事使你成為想成為的人**。今天開始感謝你擁有的東西；今天開始寫作；今天開始創業；今天開始做些事情，讓你成為更好的父親或丈夫。

三、**當你心想事成，最後就會得到所渴望的**。如果那是快樂，你將擁有快樂；如果那是作家的事業生涯，你將擁有那樣的事業生涯；如果那是自己的事業，你就會擁有那個事業；如果那是愛你的家庭，你就擁有它。

成功人士使快樂成為日常習慣

他們追求能在未來產生長期快樂的活動（目標和夢想），投資時間於長期的快樂。他們和快樂的人交往，避開不快樂的人。

他們對於已經擁有的表達感恩，因此能夠專注於正面事物而不是負面事物，例如他們所缺乏的。他們避開產生短期快樂的活動，因為他們了解那些活動通常會產生長期的不快樂（例如嗑毒、酗酒等）。

不成功的人不快樂，而大多數不快樂的人會為了追求快樂去做任何事。遺憾的是，他們用來追求快樂的一些方法具有破壞性。嗑藥、酗酒、偷情、賭博以及其他許多惡習，都是不成功的人為了貪得一時之樂所做的事。這些惡習最後成了窮習慣。

當這些窮習慣不再帶來短暫的快樂，他們往往會轉向另一種惡習，很快地又會成為另一個窮習慣。這個趨勢通常持續一輩子。這是一種破壞性的趨勢，導致離婚、失業、健康不佳，最後過著不快樂的生活。

增加快樂的的方法

研究工作者對快樂做了各式各樣的研究。美國心理學教授索妮亞・柳波莫斯基（Sonja Lyubomirsky）對快樂做的研究確定了以下各點：

- 五〇％的快樂是遺傳的。
- 四〇％的快樂來自活動。
- 一〇％的快樂取決於所處的狀況。

你的基因組成決定了你的「快樂底線」。這是你在快樂和不快樂事件前後回歸的底線。這個底線是購買豪宅、昂貴汽車、珠寶等不能創造長期快樂的原因，也是為什麼你的生活中讓你不快樂的事件，例如失去親人、離婚和失敗不會造成長期不快樂。最後，每個人都會回歸到他們基因中的快樂底線。

由於只有一〇％的快樂受環境影響，把追求財富本身當做目的只會逐步增加快樂。增加長期快樂的唯一真正方法，就是參與產生快樂的活動。

以下是幫助你增加快樂的策略和工具：

一、**管理期望：**我們經常以過度樂觀的態度看待生活。雖然樂觀對成功極其重要，但不快樂的最大原因是沒有滿足我們為自己設定的期望。追求一個大目標、一個夢想或生活中的主要目的時，我們需要的就是對生活的真實體驗。你需要將那趟旅程化整為零，成為百分之百能實現的可管理任務。這可以保證你達成期望並避免不快樂，也會讓你因為超越期望而驚喜，從而創造快樂。

二、**練習樂觀：**樂觀不是天生就有的，它需要成為常規，並成為日常習慣。成功人士明白這一點。他們每天練習樂觀思考，這是每天例行性工作的一部分。他們使用的工具包括：

每日冥想：每天二到五分鐘，早晚各一次。想像實現你的夢想和目標，看見自己過著理想的未來生活。

願景板：貼上人生中想要的五到十樣東西的圖片，黏到紙板上、在電腦桌面上輪流播放或張貼在每天看得到的地方。

每日肯定：用一些簡短的陳述肯定你實現夢想和目標。

消除命令：負面想法或情緒進入腦海的任何時候，立即察覺到，並在它生根之前從腦海中消除它。

為未來生活編寫腳本：成功人士會為他們未來的理想生活寫下幾段文字。他們每星期至少讀一遍這個腳本。這個腳本讓他們專注於重點，保持正面心態。

三、**活在當下：**你是否曾參加派對、有趣的活動或家庭聚會時，心思卻飄到其他地方，想到工作、需要完成的專案、你和其他人之間的問題、操心財務狀況和帳單等？

真是浪費了一個美好快樂的事件！活在當下表示清空所有想法，樂在此刻，享受現在。**當你活在當下，你就創造了快樂的事件。**當你允許其他想法干擾快樂事件時，就會永遠失去那個快樂事件。

四、**克服害怕：**克服害怕會改變你的想法，它會將你的心思從負面重新設定為正面。它會提高你的信心水準。

做你害怕的某件事會把你帶出舒適圈，令你焦慮和緊張。它也會讓你興奮不已。人類並不打算成為害怕的奴隸。我們的核心害怕存在於大腦的邊緣系統。新皮質是大腦最近演化的部分，能夠有意識地克服我們的害怕。當你陷入害怕的狀況，大腦的兩個部分便開始相互競爭。新皮質在大小方面就優越多了。它的神經元比邊緣系統多出數十億個，能夠輕而易舉克服任何害怕。當害怕的主人，而不是它的奴隸，你將體驗到快樂。

五、**當別人的導師：**導師是一條雙向道。教學相長，雙方都能受益。導師從他們指導的人身上學習，他們創造了崇拜的忠誠追隨者。他們在財務上受益，導師和受指導的人經常攜手一起工作。但更重要的是，指導他人行為是一種快樂的活動，它為雙方創造快樂。

六、**擔任志工：**擔任志工就是在回饋社區。你會因此結識新朋友和建立更牢固的關係。志工在幫助社區內的其他人時獲得情緒上的滿足。志工服務是快樂的活動。

七、**運動：**運動是快樂的活動。雖然活動本身不是快樂的事件，但完成後會產生整體的快樂感。我們感到快樂，因為做了對身體有益的事。運動愈多，你愈快樂。

八、學習新事物：信不信由你，學習新知識會讓你更快樂。當我們學到新事物，大腦會產生新的神經突觸（連結），而且這種神經刺激會產生自我滿足和信心增強的生理感覺。我們對自己有更好的感覺。

這不是偶然。這些生理上的快樂感覺，是大腦獎勵我們參與良好大腦行為的方式。大腦的第二個目的（第一個是讓我們活著）是學習。當我們學習新事物，實際上會增加大腦的質量（新的突觸＝新的質量）。大腦是極少數質量會隨使用而增加的內臟器官之一。我們學習得愈多，大腦便用快樂的感覺給我們更多的獎勵。

每當你學到一件新事物，就會創造一個快樂事件。每天投入二十到三十分鐘，閱讀工作上可以幫助你或增加你可能有的某種業餘愛好或熱中之事的知識。從學習中得到快樂。

九、冥想：冥想是良好的大腦管理方式。這就像讓大腦度假，可以減輕壓力、觸發潛意識中的創造力，以及增加端粒酶（保持端粒健康的酶。端粒會關閉每條染色體的DNA。端粒磨損時，細胞會死亡，這就是我們衰老的原因）。如果你不曾冥想，那就設定一個目標，每天晚上睡前或早上醒來後立即冥想六十秒，會讓你感到更放鬆，並帶來快樂的狀態。每次冥想，都是快樂的活動。

十、練習感恩：你有沒有注意到，有些人總是活蹦亂跳、正向、熱情，而且看起來非常開心？**處於正面、激昂的情緒狀態可以增進快樂**。你可能認為，有些人只是遺傳上傾向於表現這種狀態，但你錯了，富裕、成功的人有某種快樂習慣，可以創造這種正面心態。到了某個階段，這些成功人士發現了快樂的祕密之一是，練習感恩。

總有某件事情可以表示感恩。每天都要練習感恩，對我們的生活進行實況查核。它會阻止負面思考，將我們的思維從負面轉為正面。當我們每天強迫自己反省生活中所擁有的福氣（健康、工作、住家、家人、朋友等），它會阻止我們思考現在缺乏的所有東西，因此改變我們的觀點。

生活中，成功和快樂的先決條件是從正面心態去運作。每天都要感謝生活中的五件事，創造每日感恩的態度，不久你會為你的生活增添另一種快樂的活動。你參與的快樂活動愈多，創造的快樂就愈多。

十一、**和其他快樂的人交往：**物以類聚。如果你想要更快樂，就需要和其他快樂的人交往。每星期至少需要花一小時和其他快樂的人在一起，和不快樂的人在一起的時間也要減少到每星期不到一小時。

當你和其他快樂的人交朋友，他們遲早會把你引介給他們認識的人，而那些人恰好也是快樂的人。你生活中結交快樂的人愈多，就會愈快樂。

十二、**笑：**你笑得愈多，就愈快樂。笑可以減輕壓力和痛苦，也會激發腦細胞。就像有氧運動一樣，笑會增進整個身體的血液流動，產生抵抗感染的抗體，增強你的免疫系統，而且笑會觸發腦內啡的釋出，促進健康舒適的幸福感。

每天閱讀、聆聽、觀看讓你發笑的東西。每天從笑得開心開始。這就像一種冥想形式，既有趣又容易。

十三、追求夢想和目標：追求夢想及其背後的目標會創造快樂的感覺。研究指出，我們在遺傳上就是以目標導向來設計的。當我們追求新目標，就會活化現有的腦細胞或創建新的腦細胞連結（突觸）。追求目標時，新的樹突和突觸在大腦內形成。當我們為了追求目標而學習新事物，大腦喜歡這樣的事，於是釋出某些神經化學物質，產生了愉悅或快樂的感覺。

每當你為追求目標而學習新事物，就會激發快樂的事件。這種生理反應就是為什麼追求目標的人認為，追求目標或夢想比真正達成目標或實現夢想更有滿足感。

十四、做有創意的事：上天把人設計得具有創意，它與生俱來就存在於我們的DNA。追求創意釋放我們內在的天賦。我們都有創意基因。當我們追求任何創造性的事物，它會觸發正面情緒並創造新的神經通路。

大腦喜歡我們創造新的神經通路，所以它會注入神經化學物質、產生興奮感。每次我們發揮創意追求某件事，都是在做快樂的活動。

十五、追求主要目的或喜歡的事物：大多數人並沒有遵循自己的人生主要目的，而是跟隨別人的，可能是母親、父親、配偶或生活中其他重要的人。當你不追隨主要目的，你不會快樂。你不會期待星期一或其他任何工作日的來臨。你覺得生活是件苦差事，焦急地等待週末、假期和休假日的到來。你追求的工作後活動往往是不健康的，例如過量飲酒。你經常陷入負面、沮喪的思想中。這不是人生要你這麼做的。

人生希望我們每個人都追求自己的個人主要目的，這麼做可以喚醒我們的內在天賦、刺激大腦的創意部分，而這是人之所以為人的獨特之處。追求別人的願望，你不會快樂和成功。你需要追求本身的願望；你需要追隨自己的個人生活主要目的。

小結

成功人士追求創造快樂的活動。

第40章

第二十九個富習慣

——訓練別人如何對待我

成功人士明白，如果想得到他人適當的尊重對待，你必須訓練他們適當地尊重和對待你。他們不會讓其他人對自己不善。他們說「不」多於說「好」，訓練別人尊重他們以及重視他們的時間。

不成功的人允許其他人對他們不善，因為自尊心低，而且不像成功人士那樣重視時間，所以允許其他人用隨便的態度對待他們。

下面是一些指導準則，訓練他人給你應得的尊重：

- **停止對一切說「好」**。說「不」會發出訊息，讓別人知道你的時間很寶貴。偶爾說「不」，會讓人知道他們不能對你予取予求。說「不」需要勇氣。不要讓害怕令你踟躕不前。「不」就像交通停止號誌，傳達「我不是你的奴隸」的意思。對一切說「好」是另一種號誌，寫著：「我是你的奴隸。」一直說「好」就是在訓練別人對你予取予求。
- **不要只為了迎合別人而委屈自己**。在別人需要的時候，把你的所有時間都交出來，會發出一種表示你是弱者的強大訊息。三不五時要強硬一下。這會讓其他人知道你是一股不可忽視的力量，你是強大而自信的。屈就別人的要求，等於在訓練別人視你為弱者。

- **不要猶豫不決。堅持你相信的事情**。如果你不斷改變念頭或允許別人改變你的意見，你就是在發出一種訊息，表示你是可以操縱的。你等於在訓練別人操縱你。

小結

成功人士訓練別人如何對待他們。

雅德尼的觀點

孔子教導我們：「人必自重而後人重之。」

第41章 第三十個富習慣

——尋找使徒幫助我達成目標和實現夢想

賈伯斯有史提夫・沃茲尼克（Steve Wozniak）。

蓋茲有保羅・艾倫（Paul Allen）。

巴菲特有查理・蒙格（Charlie Munger）。

坎菲爾有馬克・韓森（Mark Victor Hansen）。

白手起家的大富翁不是靠一己之力到達那個地位的。最大的財富累積是透過追求和實現夢想取得，而且幾乎百分之百的時候需要團隊合作。

能將自己從一般人提升為白手起家大富翁地位的人，都找到了他們的使徒，這些狂熱份子分享了他們的夢想及其對那個夢想抱持的熱情。

耶穌基督找到與自己契合的使徒，他可能是這方面最有名的人。他找到十二名使徒，幫助他傳播重要訊息和理念。

耶穌成功了，不只因為他的訊息十分重要，更因為他找到的十二個人也深信他的訊息和理念。如果不是他的使徒，世界就不會知道耶穌這個人或他的訊息。

成功人士能夠建立一個或多個接受他們的夢想和目標的人組成的團隊。他們能夠找到百分之百接納自己理念的人。成功人士明白，找到接納他們理念的使徒，就會化夢想為現實。不成功的人不擅長建立團隊來幫助自己在生活中取得成功。他們總是單槍匹馬，卻希望能夠成功。

但是要找到使徒並不是一件容易的事。受到你的理念吸引的大多數人都不會成為使徒；很難找到有人會百分之百投入你的夢想。你會發現，大多數的人都在追尋自己的計畫、專案、夢想和目標。你必須繼續尋找，找到你的使徒。但這是值得努力的。你不需要十二個人，只需要一個使徒就可以讓魔法發生。

苦於找不到使徒的人都知道，這是一趟非常困難和令人洩氣的旅程。

對的使徒是獻身於你夢想的那些人。他們成為你的理念的狂熱份子，百分之百投入。尋找你的「使徒」表示你找到了一支團隊，他們都拉著同一輛車子。使徒們將專心致志，致力於使你的夢想化為現實。

小結

加入團隊的每一位使徒，都會使你實現夢想的速度呈指數成長。一般人找到使徒後，會成為白手起家的大富翁。

雅德尼的觀點

柯利和我經常練習這個富習慣，我們合寫這本書就是極佳的例子。我們都曉得，我們單獨一人可以跑得很快，但攜手合作會跑得更快。

第42章 富習慣總整理

所以你已經懂得三十個富習慣，可以透過一點點努力和承諾去改變你的生活。現在總結一次，幫助你讓它們成為你生活的一部分，而且現在就做！

一、我會養成良好的日常習慣，而且每天遵循這些良好的日常習慣。

二、我會定義自己的夢想，然後針對每個夢想打造目標。我每天專注於夢想和目標。

三、我每天至少花三十分鐘，用於增加知識和提高技能。我每天都會投資自己。

四、我每天將花三十分鐘運動。我每天都會吃健康食物。

五、我將設法和其他立志成功的人建立深厚的關係。

六、我每天的生活都會處於節制狀態。

七、我每天都會針對我的目標採取行動。

八、我每天都運用富思維。

九、我會把收入的一〇％存起來，靠其餘的九〇％過生活。

十、我每天會控制自己的言辭和情緒。

十一、我會做我喜歡的工作。

十二、我永遠不會放棄我的夢想。

十三、我只接受正面的信念，消除所有的負面信念。
十四、我將請益於成功導師。
十五、我每天都會專注在我的夢想和目標上。
十六、我只設定好目標，並避開壞目標。
十七、我不害怕風險。我會冒幫助我達成目標和實現夢想的風險。
十八、我每天都會保持耐性。
十九、我將設法超越別人對我的期望。
二十、我將創造多個收入來源。
二十一、我會利用槓桿的力量，幫助我達成目標和實現夢想。
二十二、我不會讓害怕或懷疑阻止我對目標和夢想採取行動。
二十三、我會尋求別人的意見回饋。
二十四、我會開口請求別人提供想要或需要的東西。
二十五、我會編製自己的個人化不做事項清單，而且每天遵循不悖。
二十六、我會問問題，好向別人學習。
二十七、我將設法奉獻我的時間給值得的人，而不期望回報。
二十八、我將努力每天快樂。
二十九、我會訓練別人如何對待我。
三十、我會尋找使徒幫助我達成目標和實現夢想。

第四部

為什麼富交往和富思維很重要？

雅德尼與柯利

第43章 模型、導師和集思會

我們將在本書最後，探討模型、導師和集思會在富人與成功人士生活中的重要性。

首先，要花點時間解釋我們的決策（不管好壞）如何以內部的潛意識心態為依據，而這又是根據我們所謂的「模型」。

什麼是模型？

你的模型是自己的內心架構，包括大腦幫助你了解這個世界的方式。你的一些模型是正面的，另一些是負面的；一些是支持性的，另一些是阻礙性的。

重要的是，要了解它們可以擁有的力量；一旦你相信一個模型，不管它是幫助你或傷害你，只要接受它是真的，它就會成為你心靈的現實，甚至想都不用想。它進入你的潛意識，繼續影響你應對世界的方式。

問題是，我們完全忽視了模型的存在，不知道它就在後台運作，操縱著我們內心的對話——不論好壞。儘管我們努力言符其實，卻透過有色眼鏡看世界，而且只根據我們的心思允許自己思考事物的方式去感知它們。

我們的認知就是我們的現實。

這就是擁有有效財富模型十分重要的原因，因為你創造的財富數量，取決於你的模型能讓你擁有多少。

建立模型

儘管大多數人從來沒學過金錢方面的技能，但我們可以把已經擁有穩健金錢習慣的人建立一個模型，藉以學習。

一九七〇年代初，雅德尼把目光放在投資房地產、並希望一舉成功時，他發現自己的學習和經驗並不夠，於是開始到處請益，並著手閱讀書籍，向老師、導師甚至顧問尋求建議。他們似乎都指出一個共同點：你最好的教育工具之一就是向別人學習；所謂別人，是指已經走在你前面並做過你想做事情的那些人。

這表示他不必從頭做起，從本身的錯誤中學習。事實上，他可以從其他人離開的地方起步，放棄需要邊「做」邊學。事實上，他可以學得更快。

可是，雅德尼開始投資時，他想親自做所有事。這背後可能有兩個原因，一個是他認為這是最好的學習方式，另一個（而且他願意承認）是他有個窮習慣，他很「小氣」。他認為自己動手做所有事可以省錢，事實上反而讓他付出更高的代價。**經驗是昂貴的老師**。

雅德尼發現自己不必親自做所有的事或犯下無數錯誤時，正是他人生最大的「啊哈，原

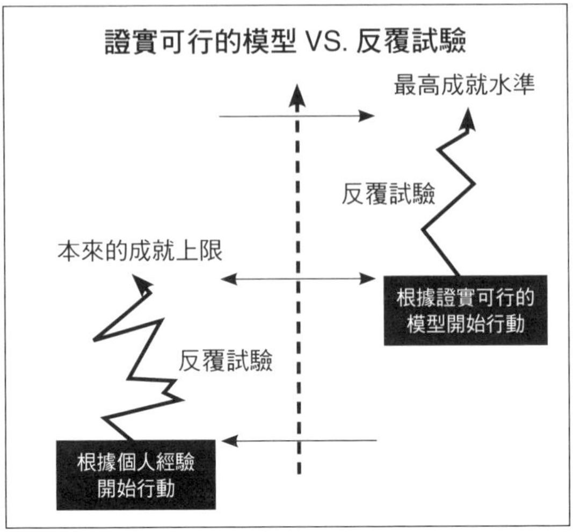

來如此」的時刻之一。事實上，現在他開玩笑地說，他的一些最好的想法是別人提出的。

雅德尼記得多年前讀過東尼・羅賓斯（Tony Robbins）寫的佳作《無限的力量》（*Unlimited Power*），他給自己正在尋找的東西命名，這就是建立模型。他在書中解釋尋找這些證實可行模型的過程，建議你應該注意一個領域中最優秀的人，研究他們做了什麼、他們的行為方式以及如何思考，然後做同樣的事。

你猜怎麼著？利用這種方法，你經常能夠重現他們的成功。

關鍵是在學習他們如何達成目標，然後了解為什麼那樣做。當你了解這兩件事，就可以在他們離開的地方開始你自己的旅程。

雅德尼在好幾年前了解到這一點，開始瘋狂閱讀成功的故事，尋找可以作為他成長基礎的模型。他留意已經達成自己想要達成之事的人，然後研究他們如何做到。這引導他成為現在的他，當了其他人的導師，並且主持為期十二個月的導師計畫。

這個計畫的基本主題之一是你的財富、外部生活和人際關係，只會擴展到你做得到的地步。因此，計畫的目標之一是讓參與者成長到他們能夠克服所有障礙和問題的水準，因為這些障礙和問題橫梗在創造他們應得生活以及想要財富的路上。

但這不只是為了賺錢，不只是為了取得財富，一旦你有了它就需要維護它。為了維持財富，大多數人必須在心裡升級這些檔案，即他們的財務藍圖。

我們曾聽過人們使用一種類比，就是把自己想像成一個杯子。如果你的杯子很小但財富豐足，它就會溢出來，而你就會失去它。你根本無法擁有比杯子所能容納更多的錢。那麼這是否表示你應該接受較少的錢？

一點也不。你必須讓自己成長為更大的杯子，這樣一來，你不只能夠獲得更多的財富，藉著改變心態，也就能吸引更多的財富。

如你所知，宇宙討厭真空。這表示如果你有一個很大的金錢容器，財富就會湧入去填滿空隙。換句話說，你的思維方式要升級、成為一個更大的人，就會吸引更多的財富。

大多數人想要成長、想要改善，也希望提高個人的成就上限，而且他們認為可以透過反覆試驗做到這點：他們準備從自己的錯誤中學習。是的，你可以用這種方式學習和改進，但沒辦法走到很遠的地方和走得更快。**從錯誤中學習是緩慢且令人沮喪的自我成長方式**。

相較之下，尋找導師以及向那些已達成你想要達成之事的人學習，可以在相對較短的時間急速提高你的成就水準。當然這不能保證成功，但是根據已達成你想要達成之事的人的做法，建立證實可行的模型可以充分提高你的成功機會。

模型並不是新鮮東西，它們無處不在。每個人都遵循著模型，大多數人只是沒有察覺到自己養成的可重複過程，像是如何綁鞋帶或刷牙。除了模型，富人身邊也有團隊。

致富和成功的祕密是什麼？

如果你計畫明年攀登非洲最高峰吉力馬扎羅山，難道不會想和登上山頂、活著下山的人談談？你會驚訝地發現，許多人開始攀登自己的財務高山時，反而是向曾經在海平面下掙扎的人請益。

少了他們的團隊，今天大多數人都不可能成為大富翁。擁有一支優秀團隊可以降低你的風險，增進你的知識，並讓你獲得孤軍奮戰永遠不會擁有的想法、機會和資金。我們發現，集體知識和經驗可以降低投資風險。

當你第一次走上財富創造之旅，你很可能獨自工作。你只能獨自學習、研究和尋找投資機會。這沒關係，至少你已經從某個地方起步。然而，組建一支合適的團隊會加快你的學習速度，更重要的是加快你的財富累積速度。組建合適的團隊需要投入時間和精力，但這是學習和成長的必要部分。一般投資人可能需要花十年或更長時間學習，但有了合適的團隊，你可以在一兩年就學會如何投資。

擁有與你同一陣線的財富團隊具備兩個面向：

一、**建立你的團隊：**你必須找到合適的成員，有時這表示你花的錢略多於想花的金額。

二、**領導你的團隊：**由你來控制自己的財富，這表示要領導你的團隊。

你的財富團隊需要什麼樣的人？

財富團隊需要什麼樣的人，對每個人來說都不一樣，但以下列出你會考慮的普遍類型：

一、**領導人：**就是你！你的工作是找到團隊成員，然後指導他們邁向你的目標而領導他們。即使你處於第三層投資的陡峭學習曲線，也必須保持控制。換句話說，雖然有時你可能想把控制權放手給「更有經驗」的團隊成員，但你必須要求自己保有控制權。你的財富由你驅動，你對一切都負有責任。

二、**顧問：**就你所能地在身邊建立一支最好的團隊，但如果你是團隊中最聰明的人，你就有麻煩了。你身邊需要一支專業團隊，包括精通稅務的會計師、幫你保護資產的聰明律師、熟練的抵押貸款經紀人，以及獨立的房地產投資策略師，不是出售房地產或因為幫助賣方或專案開發人員而有既得利益的人，而是獨立且真正站在你那邊的人。

起初你可能不願意支付顧問費用，因為書籍、網際網路、聊天論壇等似乎有許多「免費」建議。你能得到的免費建議的最好價格是……免費的建議最貴。我們曾聽過，有人把大多數投資人嘗試自己做卻犯下的錯誤成本稱為「愚蠢稅」。

沒有專業團隊認同你正在創造的東西並理解財富創造原則，你永遠不會爬上財富金字塔的第三層或第四層，發展財務獨立性。

三、**導師**：我們總是有導師，他最後會成為同儕或同事。接著我們尋找新的導師。在你學習的領域中，這些人了解更多、做得更多而且技能嫻熟和成功。

四、**工具人**⓮：財富成長需要投入時間和精力，而且隨著投資組合的成長，你的時間變得更有價值。如果以每小時十五到二十美元的價格請人處理所有雜務，省下時間去賺十倍的收入，那會怎樣？你可以請人打掃房子、割草、代繳費、處理帳務和通訊，甚至幫你跑腿辦差事。需要兩、三個小時才能完成的雜事讓你沒時間去學習、研究或找到能淨賺數千美元的交易。請記住，大富翁是不會自己清掃房子或出去辦雜事。

增加財富需要時間、耐性和領導力，如果真的想要富有，那麼你需要建立一支團隊，領導那個團隊。除此別無他法。

導師很重要

位於財富金字塔第三層和第四層的人都曉得自己需要導師，那是他們可以尊敬並尋求指引和啟發的人。導師已是成功人士，而且實現了人生中仍視為需要完成的許多事情。

導師對雅德尼的成功至關重要，他們幫助他看到他沒看到的事情。他說，他們指出他的盲點、鼓勵他以不同的方式思考，並要他對自己的決定負起責任。

我們曾聽說，尋求導師的忠告，相當於「別人的後見之明，成了你的先見之明」。我們認識的所有成功人士都受益於有位導師指引明燈。

富人會找的導師，是已做了自己想做的事且做成功的人。另一方面，窮人找的顧問，則是告訴他們怎麼做但自己沒有去做的人。

順帶一提，我們都有導師。

你已經有了可以當典範仿效的人。有時你是有意識地找他們，有時是在不知不覺中親近他們。有些人（無意識地）則以名媛金．卡戴珊（Kim Kardashian）、電視肥皂劇《慾望師奶》（*Desperate Housewives*）或《勇士與美人》（*The Bold and the Beautiful*）之類的人物為典範，相當有趣，不是嗎？

導師如何幫助你？

導師可以用下列方式為你的財富創造做出貢獻，幫你致富：

⓮ 工具人（utility player）一詞源於棒球，係指除了投手、捕手位置外，內外野皆具守備能力且能代跑的球員。在職場中延伸為隨時能遞補他人缺位的多功能角色。

一、**傳授知識：**導師可以帶來更廣泛的經驗，讓你有機會在短時間內學得多年的知識。這可能是一位私人導師，或者你可以透過書籍、DVD或研討會，向之前做過那件事的某個人學習。

二、**分享經驗：**我們都被教導要透過反覆試驗去學習，但你應該從別人的錯誤中學習，而不是自己犯下代價高昂的錯誤。良好的導師徹底了解該做和不該做的事，以防止你犯錯。

三、**說出想法：**導師會要你表達想法，然後對自己的想法和計畫做的事深思熟慮，以合理化你打算做的事。

四、**提供人脈：**好的導師都有人脈，能幫助你找出和確定你自己找不到的機會。這個世界上，重要的不是你認識誰，而是你認識的人認識誰。擁有廣泛的人脈對你大有助益。

五、**可以激勵你：**導師可以幫助你在可能不曾想過會成功的不同領域有所成就。

六、**可以節省你的時間：**由於以前做過，導師可以告訴你捷徑，教你避開坑洞，幫助你在通往財富的路上安全行進以及正確轉彎。

七、**導師是獨立的：**他們對你所做的事沒有既得利益，所以可以對你提供支持。他們明白你什麼時候情緒高昂、為什麼情緒低落，而且可以理解你在攀登致富和成功階梯時所要經歷的挑戰。

置身於支持助力之中

攀登財富金字塔的人成功的關鍵之一就是置身於支持者之中，並且認清能在一路上提供支持和鼓勵的合適朋友與人脈。

你知道，我們的同伴、來往的人對我們有很大的影響，因為他們構成了我們的團體關係。身而為人，我們天生就是社會生物，喜歡結成舒適、相互扶持和安全的團體。隨著時間推移，這些團體發展出自己的價值觀和道德，成為我們與更廣大世界互動的參考模式。這些團體可以包括我們的家人、朋友、教友、俱樂部會員、高爾夫球伴或其他任何人。

我們當中許多人都渴望這些非正式的團體關係，因為他們在人生路上給了我們認同感和情誼。我們喜歡歸屬於團體，如果你仔細想想，由於團體關係對我們的個人價值觀和優先要務產生深遠的影響，因此在努力過更好生活的過程中，和支持我們及樂觀的人交往很重要。

遺憾的是，我們的世界充滿了悲觀的人，他們往往阻止我們前進，使我們沒辦法尋找人生中渴望的成功與喜悅。我們看過太多人在邁向成功路上犯下的悲劇性錯誤，就是一路上聽取所有批評者的看法。太多人過分強調不成功者的愚蠢建議。當人們聽到或讀到媒體不斷餵食我們的所有負面訊息後，就會感到很緊張，這一點格外明顯。

那麼為什麼有些人那麼愛批評和不支持呢？顯然沒有明確的答案，但我們來探討一下。

有些人天生喜歡批評努力成功的人，因為他們不想承認對自己的處境不快樂。歸根究底，對許多人來說，另一個人的成功只會凸顯他們本身的失敗。當然，甚至連家人或朋友也會如此。

人們不支持的另一個原因是他們嫉妒或豔羨。豔羨只是嫉妒的進階版，但我們真正的意思是，有些人希望擁有朋友已有的東西，他們覬覦朋友的成功，而不是真心祝賀。由於豔羨的人缺乏朋友已有的東西，所以他們希望朋友也同樣缺乏。

也許我們多解釋一下。嫉妒導致一個人希望得到他人沒有的東西，豔羨則是希望別人沒有他們缺乏的東西。

遺憾的是，有人在咬你一口時，才嘗到成功的滋味！

你可能發現，有人不支持的另一個原因是你本身的期望不切實際。重要的是要了解，邁向成功時，你會遇到對你個人的成長不像你那麼感興趣的人。從某些方面來說，期望你身邊的每個人都像你一樣對自己的進步有著同樣強烈的熱情，那是不切實際的。不要對冷漠的回應感到太失望；務必謹記在心，**沒有人會像你一樣對自己的個人成就同樣興奮**。

終其一生，難免有一些認識和你愛的人不支持你，解決辦法就是找到支持者，即鼓勵和啟發你的人。

這是雅德尼實施導師計畫的原因之一，目的是要鼓勵學員找到指導夥伴，並且組成集思會。置身於安全和相互扶持的人之中是很重要的事，因為我們在採取行動、改變財務心態時，處理資訊的方式之一就是和人談論自己正在經歷的事。

身邊少了合適的人，就沒人回應你的想法。當人生做出重大改變時，身邊有個安全和相互扶持的人至關重要。同儕壓力是強大的影響力，它可以鼓勵我們堅定邁步向前，奔向更美好的未來，或者使我們以安於現狀為恥。

善於鼓勵的人帶來的影響力會鞭策我們相信自己，並採取積極步驟，在幫助我們改善生活方面大有助益。做到這一點的最佳方式之一就是加入集思會。

成為集思會的一員

成功人士使用最強有力的工具之一（不管他們是二十世紀初的工業家，還是今天的優秀成功人士），在於他們是集思會的一員。拿破崙．希爾發現集思會的力量，並於將近一百年前在他備受好評的《思考致富》一書談到這件事。

說清楚一點，這是由兩人或更多人組成的聯盟，以相互和諧與合作的精神共同努力，實現明確的目標。

當你形成一個集思會，我們談的不是正面思維或肯定，這是重新設定你自己邁向成功的另一種簡單方法。雖然你始終必須去做取得成功該做的事，但集思會可以善用並充分提升成功背後的專注力。

集思會的理想規模是五到六人，太小會失去動力，但若更大則難以運作，因為會談需要花更長的時間，一些需求得不到滿足，個人分享也會少之又少。

理想情況下，集思會會議應該每週舉行一次，大約一小時，最好是面對面，但也可以和所有出席成員透過 Skype 會談。

身為集思會成員，你可以體驗到的好處包括：

- 被追究責任
- 被質疑和挑戰
- 被傾聽
- 因為成就而得到認可
- 被接受
- 被激勵

了解模型、導師和集思會可以如何幫助你發展富習慣，並推動你走向成功之路，是你認真改變人生、需要精通的基本技能之一。

第44章 父母給子女的致富課

你現在已經看到倒數第二章。堅持到現在，了解你可能有的窮習慣以及需要盡快養成的富習慣，你的精神值得嘉許。

本章將告訴你一些最重要的因素，它們決定了孩子長大成人會富還是窮。

根據杜克大學的研究（二〇〇六年），我們的日常活動、思考和做出的選擇有四〇%或更多都是習慣，而我們帶到成年生活的大部分積習則都是學自父母、老師或環境。

如果孩子學習的是良好成功習慣（我們稱為富習慣），那麼這是好事；但如果孩子學習的是不良的失敗習慣（我們稱為窮習慣），那麼這是非常糟糕的事。遺憾的是，大多數孩子沒有在家裡學到好習慣。更糟的是，學校也沒有起而教導家裡沒教的事。

前面解釋了導師和角色模範的重要性，事實上，身為父母，我們是子女最重要的導師和模範。這表示在我們的教育之下，孩子不是致富就是淪為貧窮。

不過有一些觀點可以改變你的習慣，進而讓孩子有更好的機會去過成功和富裕的生活。

雖然柯利寫的是他對美國的看法，雅德尼也將他的澳洲觀點加入，但我們所教的原則放諸四海皆準，它們適用於任何國家的任何人。

雅德尼的觀點

你的孩子會富有還是貧窮？

你有很大的發言權，所以如果你有孩子或者計畫在人生某階段生孩子，這一章必讀。讓我從兩個問題開始：在金錢、財富和富人方面，你給了子女什麼訊息？

遺憾的是，大多數人置子女的人生於財務失敗之境。

柯利在他的研究中發現，貧窮的父母教育孩子窮習慣，而富裕的父母教育孩子富習慣。

我的孩子現在長大了，也有自己的孩子，但如果時間能倒流，我們會在他們還小的時候教導下面十二堂課：

一、愈早存錢，透過複利力量，錢增加得愈快

我們需要用錢去賺錢，所以要教子女量入為出的重要性，把收入多於支出的差額存起來，直到他們有足夠的錢購買增值性資產。

要做到這一點，部分方式是學習如何編製預算。你可以在子女夠大、能靠幫忙洗車或洗狗賺錢時，開始教他們存錢買「高價」物品的藝術。

二、你可能得等到以後再買想要的東西

這對所有年齡層的人來說都是難以學習的概念，但從延遲滿足的能力也可以預測一個人長大後會有多成功。我在前一章詳細談過這個概念。孩子們需要知道，如果他們真的想要什麼東西，應該先存錢，等到以後才買。

問題是，我們都希望給孩子最好的，這就是何以父母常見的陷阱是把他們在成長過程中錯過的一切都給孩子。後院的跳跳床？可！每季換全新的衣服？可！為了立即滿足而表現出理所當得、缺乏耐性的態度？可！

給孩子想要的所有玩具和配件可能讓你感覺良好，但這麼做對他們沒有任何益處。你要示範給他們的教訓不是立即滿足，而是指出花些小小的心力會帶來多大的獎勵。

如果你的孩子為了買一個二十元的玩具，很有耐心地每週存兩塊錢好幾個月，你想他們會多珍惜這個新獎品？更重要的是，像這樣的課程在年紀還小就學到，隨著年齡的增長，一定要鼓勵他們更聰明地管理自己的錢財。

三、你需要做出如何花錢的選擇

重要的是，向子女解釋錢是有限的，做出明智的選擇很重要，因為一旦花了錢，就沒有更多的錢可花了！

四、今天負債，明天當奴隸

我們年輕時，傾向於以非常有限的時間去思考、尋求立即滿足，而且不喜歡延遲購買我們真正想要的東西。遺憾的是，這導致許多人掉進我們說過的信用卡陷阱。但今天的債務將剝奪他們明天的收入，因為他們正在犧牲還沒到手的錢。

在你年輕時限制負債，表示日後的生活能把個人財務控制得更好。

五、死時擁有最多東西的人不是勝利者

我們都喜歡自己的財物。嗯……我知道自己喜歡。但「期望」是資金管理的可怕敵人。這陣子，我們在印刷精美的雜誌和電視上看到不少「另一半人如何過活」的介紹，某樣東西被美化得受人渴望，使得許多人認為生活就是為了工作，如此你就能成為世界上「有更多錢」的人之一。

消費主義是「突然興起的潮流」。事實上，財物不能使人過富足的生活，而是經驗和人（金錢買不到的）讓你真正富裕。在我看來，等你失去所有的金錢和財物，留下來的才是你的「真正財富」。

六、承擔責任使你成為命運的主人

事實是，沒有富裕的受害者。

然而遺憾的是，人們生活中的失敗總是太快歸咎於他人。我們已成了一個好訟成性的社會，因此許多人認為他們被不公平地分到「一手壞牌」。

事實上，如果你夠勇敢，用批判性的眼光看自己的生活，承認目前的所在位置是自己選擇的直接結果，並且掌握你的決定，你就會建立起信心、自尊和自重。

你會知道自己是命運的主人，而不是將你的力量和控制權交付別人，還有，我們得承認，別人不會像你那樣把最佳利益放在心上，這一來你就會感受到內在的力量。

七、耐心等待

在你添購居家用品時，毫無疑問地會想換之前所想的一切：錢能買到的俗豔汽車、新家具和最大螢幕的電視機。但你很可能必須在食物鏈往上爬，以及學會排定優先順序，拿兩個星期發放一次的工資做最好的用途。

了解想要和需要之間的不同，並且認清你為今天就是「必須擁有」的那些東西花費金錢，還不如為明天的退休生活準備資金來得重要。

這又是延遲滿足的事，不是嗎？務必知道，如果你努力工作並且投資更多，你的購買力會與時俱增！

八、運氣是靠努力工作得來的

許多人喜歡將別人的成功歸因於「運氣好」。也許他們「天時地利」都對，或者有「人和」之便。雖然少數人運氣不錯、中了樂透，但真正成功的人拚命努力，以達到他們所選領域或投入心血的顛峰。

如果你能找到熱愛的事並以此為生，你會遠比他人更有可能成就偉大不凡的事業，因為你會更加努力去實現目標，每一天都不會是辛苦的掙扎。

九、你不需要百萬美元才能實現財務自由

許多大富翁都負債累累，而且事實如此。社會上許多有權有錢的人持有很多資產，現金狀況卻很差。其他人每年收入五萬美元，沒有債務，因此擁有更多的財務自由。

財務自由不是依賴金錢本身，而是依賴你和金錢的關係，以及準備在一生中負起的個人責任和遵循財務紀律的程度。

十、只有在每個月能全額繳款的情形才刷卡

立即購買就免息！二十四個月不用還款！都是因為這樣，我們很容易掉入信用卡債務中，這讓你的孩子背負了信用卡高額利率償還債務。此外，違約止付可能會影響他們的信用紀錄，日後買車或房屋會很難。

十一、青春難再回，趁早儲蓄和投資

你的財富複利成長，靠的不只是金錢，也要依賴時間。事實上，如果有足夠的時間，複利利息（也就是高成長資產所賺取的利息滾出的利息）效果驚人，以至於愛因斯坦稱它是宇宙最強大的力量。

人生趁早開始儲蓄和投資，才有可能確保你的財務未來。

十二、量入為出，剩下的錢拿去投資

如果你遵循這條至高無上的黃金法則，很快地就會在財務自由之路站穩腳步。設定目標，至少投資收入的一〇%，其他的事就交給複利的力量。

我試著告訴你的是，富人擁有從父母那裡學到的良好日常成功習慣。這些日常習慣是貧富差距的真正原因，也是富者愈富的真正原因。

我們很可能是子女唯一的導師，而且肯定會成為最有影響力的導師。除非我們教育子女良好的日常成功習慣，並且力求競爭立足點平等，否則富人將繼續愈富有，窮人將繼續愈貧窮。因此，撥出你的一點點時間，報酬可能非常高。

柯利的觀點

為什麼美國大城市中破敗的貧民區那麼動盪不安？專家很快就怪罪於各種原因：工資低、種族歧視、製造基地萎縮及公司移往海外、富人課稅不足……等等。但這些專家都沒有提到這種不安的真正根源，其實是父母教養不當。

美國人對市內貧民區和全國貧富差距日益擴大的不滿情緒逐漸增長，反映了美國父母如何養育「富人」和「窮人」。

如你所知，我花了五年進行，然後我在《富習慣，富孩子》（*Rich Habits, Rich Kids*）和

《改變習慣，改變人生》（*Change Your Habits, Change Your Life*）這兩本書和本書中，詳述了富人有別於窮人的許多習慣。

我的研究中，幾乎所有白手起家的大富翁都從父母那裡學到特定的習慣，給了他們一股助力，使他們能夠建立成功、快樂和充實的生活。此外，幾乎所有窮人都從父母那裡學得習慣，帶來貧窮、痛苦和不滿的世代循環。

耶魯大學教授、知名的社會感染行為研究工作者古樂朋（Nicolas Christakis）同意這個觀點。他在研究中發現習慣具有感染性，從父母傳給子女，不管好壞。

你可能察覺到感染性習慣的許多例子：

- 父母吃得健康，子女就會吃得健康；父母過胖，子女也會過胖。
- 父母抽菸，子女比較有可能抽菸。
- 父母經常運動，子女會經常運動；他們不運動，子女就不會運動。
- 父母重視教育和學習，子女亦重視教育和學習；如果不重視，子女也不會重視。
- 父母守法，子女將遵守法律；父母違法，子女也會違法。
- 父母喜歡使用暴力，他們會養育出有暴力傾向的子女。
- 父母以樂觀、正面的態度展望未來，子女也會以樂觀、正面的態度展望未來；父母悲觀和負面，子女也會悲觀和負面。

習慣像病毒一樣擴散

從父母那裡學得的習慣，塑造了你過怎樣的生活，他們會使你向上提升或向下沉淪。

我在研究中發現，許多成功人士從父母那裡學得的許多習慣，幫助他們日後的人生取得成功，包括：

一、**你創造你的生活**。在我的研究中，白手起家的人接受的教養是：他們是自己人生的創造者。你，而且只有你一個人，創造了使你富裕或貧窮的環境。

二、**個人責任**。白手起家的人不被允許當受害者，他們被教導要為人生中的好壞負起個人責任，而且事情出錯時，不被允許責怪任何人而是他們自己，因為人生總會有事情出錯。

三、**尊重法律**。他們從父母那裡學到要尊重警察和執法官員，如果他們犯法，父母會先嚴懲他們。

四、**追求你的主要目的**。他們接觸無數新奇的活動，這麼做是為了幫助子女發現自己的天賦。

大約九三%的人喜歡或熱愛他們的工作。當你找到並利用天生的才華去賺錢，這會帶來快樂和財務成功，因為你會想要投入更多時間到你愛做的任何事情上。

當你可以做愛做的事而賺錢，會引導你走向人生真正的工作。大多數父母並不這麼做，而是將子女鎖定在一兩個活動中十年或更長的時間，因此孩子們不曾有機會探索不同的活動。當你把大部分時間花在跟團旅行，那就沒有足夠的時間學習新事物。

五、追求夢想和目標。大約六一％的人被要求設定夢想，而這是寫下理想完美生活腳本的過程。這個腳本接著成了他們生活的藍圖。大約八〇％的孩子被教導要專注於更上一層樓的目標（長期目標），直到達成為止。大約九七％的孩子被教導了非常不同的目標定義，也就是所有目標需要實際行動，以及所有目標必須百分之百可達成，這表示你有追求目標的知識和技能。

大多數人未能達成目標，是因為他們被教導錯誤的目標定義，即目標是廣泛的目的，例如一年賺十萬美元。這是夢想，不是目標。目標和夢想不是同樣的東西。你針對每個夢想建立目標，當你實現所有的目標，就實現了夢想。

六、追求財富是件好事。大約九七％的孩子被教導富人是善良、誠實和勤奮工作的人，他們不邪惡或貪心。

七、努力工作的倫理。父母並沒有給白手起家的人任何東西，他們被要求工作以取得想要的東西。他們在很小的時候（九或十歲）就必須努力工作，去買想要的東西。大約五五％的子女每個月不得不至少工作十小時或更長的時間。

八、尊重他人的財產。父母教導他們尊重別人辛辛苦苦賺來的財產。

九、每天自我改善。大約八八％的孩子被要求每天至少閱讀三十分鐘或更長時間的教育書籍；大約五四％的孩子被要求學習新單字，以擴充他們的詞彙量；六八％的孩子被期望念大學（他們很小的時候就被灌輸上大學的想法）。

十、有效利用時間。最後，他們不允許子女浪費時間在電視、電動遊戲、社群媒體、網路等。

我當然也研究了窮人，發現他們從父母那裡學到一些相同的習慣，使得他們注定走上終生貧困之路。

一、依賴政府和施捨。窮人被教導依靠政府發放的福利和其他人的施捨，這創造了一種依賴心態，而且整個成人生活都持有這種心態。

二、違反法律。他們被教導因為世事對他們不公，警察和執法部門是他們的敵人，而且故意讓他們窮困潦倒。這種心態導致許多窮人入獄，結果只讓他們更窮。

三、仇富。他們被教導看不起成功人士，因為富人惡毒又貪婪，而且因為支付低工資，他們要對貧窮負責。

四、不敬業。例如他們被教導尋求免費的政府福利，幫助他們生存下去。這種依賴心理導致不敬業的態度。如果不用工作就能得到需要的東西，那為什麼要工作？

五、理所當得的思維。他們向子女灌輸一種信念，那就是窮人受到不公平的迫害，而且遭到富人占便宜。因此，他們有權獲得富人的財產。大約八七%的窮人相信應該多課富人的稅，好讓政府有更多的錢回饋窮人。

六、賭博。他們從父母那裡學到，賭博是擺脫貧困的極少數方法之一。結果每個星期有七七%的窮人投注樂透彩。

七、嗑藥。他們觀察父母的行為，發現嗑藥是逃離地獄般生活的唯一途徑。大約六〇%的窮人承認經常酩酊大醉。

八、暴飲暴食。他們養成了父母不良的飲食習慣，因此六六%的窮人超重近十五公斤或更多。

九、浪費時間。他們看著父母在電視機前待上好幾個小時，那種習慣變得具有傳染性。大約七七%的人承認每晚看電視超過一小時，而七八%的人承認看很多真人秀節目。這種浪費時間的習慣感染了自己的子女。在我的研究，窮人說他們的孩子每天花很多時間在電視、電動遊戲或社群媒體、網際網路等上面。

責任止於父母

子女會模仿父母的習慣。

父母是大部分人一生中唯一的導師。當父母是差勁的導師，子女會身受其害，而這通常導致了貧窮；貧窮的循環延伸到好幾代並造成不滿，拖累社會隨之沉淪。

第45章 結語

我們寫這本書背後的假設之一是認為今天許多人心裡的一大問題是：「我如何致富？」我們想提供一些答案給讀者。

雖然雅德尼在本書開頭提供了幾個財務概念，但我們的主要目標是教你關於富人的感受、思考和行為方式，我們想把他們的富習慣教給你。

雖然有很多談錢和投資的書，而且網路上有很多關於如何致富的內容，但我們相信，你獲得財務成功的最快方式，就是採用已經富有的人的想法、行為和習慣。

你知道，所有的成功人士都有成功的習慣，而且所有的富人都有富習慣，他們已經創造那些隨著時間而完善的習慣，因為這些習慣幫助他們達到目標，而我們已在本書中分享了那些習慣。

所以現在輪到你問自己：哪些習慣會幫助你達成目標？

從哪裡開始？

養成這些富習慣的方式包含四個步驟：

一、培養意識

第一步是評估當前的位置。你的財務狀況如何？

你要了解什麼行得通，像是想要保有的想法、行動和習慣。然後清楚地確認你的窮習慣，那些徒勞無功和削弱自信的習慣。想想你的壞習慣未來的後果也是很重要。

問題是，當你一天看一次自己的窮習慣，它們看起來可能沒那麼糟，但是日復一日到未來，一個月、一年、十年後，後果可能是毀滅性的。

二、捨棄窮習慣

現在你知道有些習慣在阻礙你前進，所以拋棄那些壞習慣正是時候。

三、培養新的富習慣

你接著需要採用富有和成功人士的信念體系及習慣。以其他的成功人士（已經達成你所想達成事情的人）為典範來形塑自己，定義你想採用的富習慣。通常這些習慣和你想要捨棄的窮習慣完全相反。問問自己，你需要做什麼和激勵自己，想想如果你採用這些新的富習慣，你和家人將取得的所有利益和獎賞。

你描述的利益愈生動，愈有可能採取行動。

四、採取行動

寫下你將採取的行動，然後採取行動！這稱做「成為、做、擁有」（Be, Do, Have）。一旦你開始像那個人一樣思考和行動，就會成為你所想要成為的人。

如果你想變富有，首先要在心裡變富有（成為那個人）。然後做有錢人做的事，即像有錢人那樣行動和練習富習慣。接著你就會擁有富人擁有的東西。那是因為財富是結果。你的思想信念和習慣的結果，帶出了你的行動。

這在前面已經說過，但很重要，我們再說一遍。在你改變之前，什麼都不會改變。如果事情沒有按照你希望的方式發展，就需要停止採取簡單的方法，不能怪罪外部因素。

這不是你老闆的錯，也不是政府或市場的錯，這甚至不是缺乏資訊的緣故。你需要停止合理化為什麼你在財務上沒有成功。

你今天擁有的大多數東西，都是因你成為想成為的人所吸引來的。如果你希望人生中的事情發生變化，就必須先改變。

了解你對自己的財務結果負全部責任，是很重要的一件事。好消息是，你的人生可以改變，因為你可以改變。一旦我們拋棄推諉卸責的清單，開始更努力成為自己，有趣的是，我們身邊的一切都會開始改變。

接下來怎麼做？

市面上有那麼多書，但問題在於當你讀完時，它們告訴你的事情就結束了。之後會發生什麼？通常留給讀者自己各憑本事去嘗試下一步，並將學到的理論付諸行動。不過本書有點不同。

我們期盼本書的觀念能對你有用，因此提供一套資源「工具包」，幫助你攀登投資階梯——，只要進入 www.RichHabitsPoorHabits.com 就能找到，裡面有特別報導、試算表、柯利的研究結果等。

謝謝你閱讀本書，現在一切取決於你！

現在你已經知道要踏出下一步和培養富習慣了。你現在準備好要加入財務自由的行列。當你做到了，請寫電子郵件讓我們曉得你成功了，我們很樂於收到本書讀者成功運用我們策略的來信。

請明智地運用你的時間。

雅德尼的電子郵件：Michael@metropole.com.au。

柯利的電子郵件：tom@RichHabits.net。

謝辭

本書幾乎和我人生中其他每件事一樣，是團隊努力的結晶。

首先必須感謝柯利，少了你投入的心力，本書將永遠無法發想和完成。謝謝你的友誼、高見和無數漫長日夜苦心孤詣構思本書原始概念，並讓我有幸成為你的共同作者。

感謝我的妻子潘姆以各種方式鼓勵我、支持我，並且容忍我深夜和週末待在電腦前。她忍受我對商業和投資近乎沉迷的態度，持續不斷在所有美好時光及我仍需要學習各種事物的過程中鼓勵我。我因她的愛和奉獻而感到謙卑，這是我努力想要看齊的，但還不是很成功。

特別感謝我的家人，包括混合家庭的六個子女，以及九個孫子女的愛和鼓勵。

進一步要感謝的是我的商業夥伴加文・泰勒（Gavin Taylor）、喬治・瑞提斯（George Raptis）、夏倫・戴維斯（Shannon Davis）、凱特・佛碧斯（Kate Forbes）和凱文・透納（Kevin Turner），以及大都會整個不動產專業團隊。

一路支持我的出色編輯尼可拉・麥克杜格爾（Nicola McDougall）發揮了他的長才，少了他，這本書不可能付梓。他逐字看過我們寫的內容、註解和塗鴉，並且理解它們，進而編成這本書。

麥可・雅德尼

這些年我幾乎讀過關於財富創造、成功和投資方面的每一本書。一直以來，我學到很多，本書提到的許多觀念是我從別人那裡學來的。我想，我在某個階段都得向某個人學習每一件事，所以很抱歉無法一一致謝。我用的許多策略，真的記不住是在哪裡先看到。

如果我記得第一次是從哪裡聽到某個觀念時，會試著歸功於那裡，但若疏忽了沒提到你的姓名，還請見諒，因為我必須慚愧地承認，我是從觀察、談話、書籍、部落格、CD、DVD和研討會中借用他人的好觀點。由於致富和成功的知識不是一個人專擅的領域，而且這裡面真的沒有任何祕密，我只能假設這些人也是學自他人的觀念、書籍、部落格、CD、DVD和研討會。

我必須特別提到《富爸爸，窮爸爸》的作者羅勃特．清崎，因為本書討論的一些財富概念是他貢獻的，而我也從「十二個月導師計畫」所親自指導超過兩千名不動產投資人的身上，學到許多成功甚至一些失敗的經驗。

我必須感謝威爾金森出版公司（Wilkinson Publishing）的麥可．威爾金森（Michael Wilkinson），早在二〇〇六年就對我懷有信心，並且出版我的第一本書，更成了我的朋友和導師，鼓勵我繼續寫作。

最後要謝謝各位讀者，感謝你選擇投資這本書。請善用我們提供的資訊，取得你應得的成功。

致讀者

本書包含了兩位作者的意見和觀念。作者和出版社都沒有在書中提供法律、稅務、投資、保險、財務、會計或其他專業建議或服務，希望買這本書的您能理解。如果您需要這種建議或服務，應該諮詢合格專業人士。相關法令規定因地而異且經常變更。

書中提出的任何意見、結論或建議，有可能沒有先通知讀者而加以修改。

本書所提出的策略可能不適用於每個人，而且不保證會產生任何特定成果。過去的成效或許也不是預測未來成果的可靠指標。

本書撰稿時並未針對可能閱讀本書的任何特定個人的目標、財務狀況或需求，這表示讀者在根據本書資訊採取行動前，仍應諮詢適當的專業或財務顧問。

本書包含的資訊不保證準確或完整，而且任何使用或應用本書內容所直接或間接產生的後果，作者和出版社在此聲明，不為其所造成個人或他人的任何債務、損失或風險負責。

國家圖書館出版品預行編目 (CIP) 資料

習慣致富：成為有錢人，你不需要富爸爸，只需要富習慣／
湯姆．柯利（Tom Corley），麥可．雅德尼（Michael Yardney）著；羅耀宗譯 . -- 初版 . -- 臺北市：遠流 , 2019.10
面；　公分
譯自：Rich habits, poor habits
ISBN 978-957-32-8652-3（平裝）

1. 財富　2. 個人理財　3. 投資　4. 成功法

563　　108015038

習慣致富

成為有錢人，你不需要富爸爸，只需要富習慣

作者／湯姆．柯利（Tom Corley）、麥可．雅德尼（Michael Yardney）
譯者／羅耀宗

副主編／陳懿文
主編／林孜懃
封面設計／萬勝安
行銷企劃／鍾曼靈
出版一部總編輯暨總監／王明雪

發行人／王榮文
出版發行／遠流出版事業股份有限公司
地址：104005 台北市中山北路一段 11 號 13 樓
電話：(02)2571-0297　傳真：(02)2571-0197　郵撥：0189456-1
著作權顧問／蕭雄淋律師

2019 年 10 月 1 日　初版一刷
2024 年 7 月 15 日　初版二十六刷
定價／新台幣 380 元（缺頁或破損的書，請寄回更換）

ISBN 978-957-32-8652-3
遠流博識網 http://www.ylib.com　E-mail: ylib@ylib.com
遠流粉絲團 http://www.facebook.com/ylibfans

Rich Habits, Poor Habits